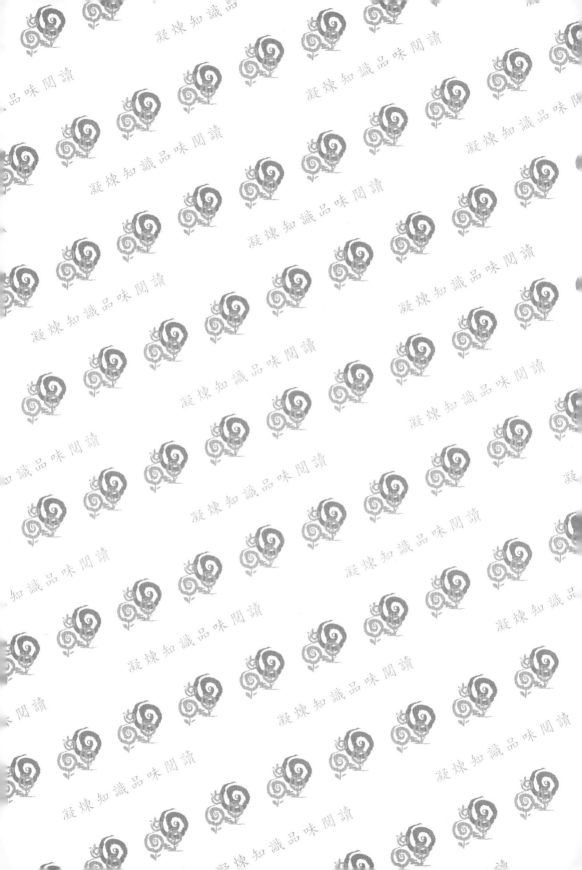

伊藤修一郎 著

張瑜庭 譯　吳明上 審閱

政策研究的方法論
撰寫社會科學領域論文
的入門書

政策リサーチ入門
—仮説検証による問題解決の技法

五南圖書出版公司 印行

目次

序 章 ▶▶▶
政策研究的建議
本書目的與概要

　　本書是用來學習政策研究方法論的教科書，深入淺出地闡述如何探討政策問題之原因、草擬政策草案與提出政策，以及進行政策評估。

　　本書定位為入門教科書，供政策領域、政治領域的專題課和政策講習課所用，只要順著本書的步驟，即使是在專題課第一次進行調查、研究，以及撰寫畢業論文或政策報告的初學者，都能順利進行研究，習得基礎研究方法。雖然主打「入門」，但本書也符合修習碩士課程之研究生的使用需求，畢竟不論大學部的畢業研究還是專門性研究，其思路並沒有不同。尤其期許本書能在政策領域的研究所派上用場，幫助擁有工作經驗的學生專心完成論文。

　　本書同時也為那些在公部門或智庫參與政策規劃的實務工作者、有意提出政策建議的公民和非營利組織相關人士所製作。這些實務工作者和公民真切希望獲得一套訓練方法，好規劃出更好的政策，或提高規劃政策的能力。本書將展示這套方法論，提出「政策研究」的實踐技法。

　　如同前述，本書預設主要讀者為大學生、研究生、指導教授，也強烈希望吸引實務工作者和公民閱讀本書，達到同時滿足教育研究需求與實務關懷之目的。或許顯得貪心，但正因為本書為政策學、政策研究領域的教科書，而此類領域著重於解決現實社會之問題，因此能以一本書的篇幅滿足廣大讀者群的需求，正是執筆者所期望的效果。不論是躍躍欲試地誓言解決社會問題的學生，還是在第一線為了政策課題奮鬥的實務工作者，他們所關心的範圍有相當大的比例重疊。如果本書的內容能滿足實務工作

者，那一定也能激起學生的學習欲望。

以下將說明本書提出的政策研究是什麼，闡明其對學生、實務工作者和公民都有用之論點，接著再說明本書的結構。

1 什麼是政策研究？

政策研究指的是「活用規劃政策草案之基礎知識的行為」以及「培養此能力的實踐型教育訓練」，範疇包含大學部與碩士課程層級的專題課、政策講習課或實證型政策研究，以及以地方政府職員為對象的政策規劃研習，還有中央政府、地方政府、智庫等單位為了規劃政策而針對政策課題進行的調查與分析。

參與這些研究的人有學生、實務工作者、公民，具有多樣化色彩，雖然專業度各異，但同樣渴求能引導研究的指南或方法論。本書回應他們的渴求，提出「將社會科學的研究方法應用於政策研究的實踐型方法論和思路」，更具體的說法則是「探討因果關係的驗證假設型方法論」。

應用社會科學的方法

為什麼社會科學的方法有助於政策研究呢？請想一個令你在意的政策問題，無論貧富差距、學習能力低落或是任何政策問題都可以，如果要你解決這個問題，你會怎麼做？你應該會先找出問題的原因，然後試著消除該原因對吧？面對無法輕易找出原因的複雜社會問題，你也許必須嘗試各種解決對策，或是調查其他地方政府的對策，不斷試錯。即使如此，你應該會鎖定順利實施的對策，確認該對策奏效的機制，然後才真正導入並實施。此時也必須找尋對策奏效的原因，釐清對策與效果之間的因果關係。換言之，規劃政策的基礎功夫就是尋找問題的原因、探討因果關係。

而這種探討因果關係的調查和研究，剛好就是社會科學的核心作業之一，其方法論受到廣大領域的研究人員所用。本書期望各位也將該方法論和思考方式應用於為了規劃政策所進行的研究上，進而解決政策問題，並

且在研究的過程中習得該方法論和思考方式。

從大量案例中探討因果關係

　　爲了規劃政策草案，本書提出運用社會科學的方法探討因果關係，但可以想見有人會對此持反對意見，認爲「自己的鄉鎮問題緣由自己最了解，與其做些勞心勞力的作業，不如直接建立對策」。社會科學習慣針對相同問題的複數案例找出共同的原因，並且探討適用於每個案例之因果關係的法則。那些想解決自身鄉鎮問題的人，會認爲這種社會科學的方法「勞心勞力」，那也無可厚非。以更普遍的說法而言，他們的疑問在於「爲了針對特定問題建立公共政策，有必要解析一般性的原因嗎？」。

　　然而，自己所認爲的原因就眞的是引起問題的原因嗎？該怎麼做才能證明呢？有沒有可能只是自己誤解了，其實看漏了背後潛藏的眞正原因呢？如果只著眼於自己的鄉鎮，那就很有可能會看漏。如果誤解了原因而推出政策，不僅不會有效果，反而還有可能使問題惡化。

　　透過政策研究處理的政策課題大多不只發生在單一鄉鎮，那是全國性甚至世界性的問題。本書內文所舉例的學習能力低落、自行車事故增加、景觀破壞、年輕人就業困難、工業廢棄物的非法棄置等問題，在各地屢見不鮮。將這些問題視爲多數地區共通的問題，尋找能一次解釋許多案例的因果關係，這個方法雖然看似繞遠路，實則爲追求問題本質的捷徑，而這也正是社會科學之方法論的目標。

2　政策研究的種類

依據目的和方法分類

　　政策研究大致上可分爲（1）確認現況（記述、分類）型；（2）探討原因（驗證假設）型；（3）建議政策（政策評估）型三類，括號裡的內容爲該類別所使用的研究方法。確認現況型的研究目的爲理解問題的現況，採用的方法是將觀察到的現象記述並分類。探討原因型的研究目的在

於探討問題的原因，採用的方法為建立假設，透過資料和觀察來驗證該假設。建議政策型的研究目的則是建議政策，採用的方法是預測該政策實施時的效果，並且進行事後評估。但其實政策評估的方法可謂與探討原因型的研究相同，這是因為政策評估要了解「問題為什麼解決了／沒解決」，以及「其原因是否來自政策本身」，唯一的方法就是探討因果關係。

　　如果以圖示表示這三種研究類型，就會如同圖表序-1，先確認現況，接著探討原因，最後建議政策。然而，此三種類型的區別具有相對性，要探討問題的原因，就必須了解現況，一旦了解現況，就會想知道其原因。假如能找出問題的原因，當然也會希望提出解決問題的政策。反之，為了提出具有說服力的政策，必須釐清問題結構和問題發生的原因。而且，開始研究之後就會明白，此三種類型交雜，順序也不固定，彼此之間的界線更是模糊。

　　因此，請了解這種研究類型的分類只是為了方便說明，使用這些分類可以幫助理解記述、分類、驗證假設等研究方法的特徵和使用方式。畢竟在實務上用於研究的時間和資金有限，各位只要明白自己的研究屬於哪一種類型，就可以選擇相應的研究方法。而本書的重點將放在探討原因型的研究，如同前述，找出問題的原因可謂建立解決對策的前提，而且此方法為社會科學之強項，融會貫通之後便能廣泛應用，除了各種研究對象之外，還能用於政策評估。當然，本書也會在必要範圍內說明確認現況型研究和建議政策型研究的方法論。

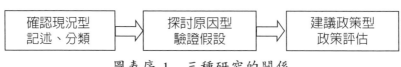

圖表序-1　三種研究的關係

政策的內涵或過程

　　建立政策需要**政策論的知識（in的知識）**或**政策過程論的知識（of的知識）**，前者為關於政策內涵的知識，社會工程學、法律學、經濟學等學

科，以及針對福利、醫療、教育、勞動、環境等個別政策領域的研究，都對此類知識有所貢獻。後者爲關於政策決定與執行過程的知識，主要負責此方面的學問包含政治學和公共行政學（詳細內容請參考秋吉貴雄、伊藤修一郎、北山俊哉，《公共政策學的基礎》第三版，有斐閣，2020年）。

如此可見，大量的研究員在各自的學問領域參與政策研究，因此，去除傳統學問領域的界線，以政策建立和決定上的貢獻比例重新區分多樣化的研究，此舉具有一定的意義。依照此邏輯，政策研究還能分成政策論研究和政策過程論研究，本書內文也會持續使用此種分類。

但是，當我們掌握研究的方法論後，此種分類的意義就沒那麼大了。前面說過，建立政策草案的前提是理解問題、探討原因。而政策過程論研究也同樣是要了解「爲什麼採用此政策」，以及政策決定（未決定）的原因。換言之，大部分對於政策草案的擬定與政策的決定有所貢獻的學問領域，都共同使用探討因果關係的方法論。各學問領域的用語或許著眼點不同，但基本的思考方式是一樣的。本書將擷取出他們的共同點，揭示許多學問領域之研究員共同擁有、可處理各種政策問題的方法論。

3　爲什麼需要政策研究？

政策研究的定義先就此告一段落，接下來說明政策研究的用處。近年來的學生傾向使用網路製作報告，不喜歡花心力和花時間研究。在我的課堂上，複製和貼上的報告皆爲不及格，未附上資料來源屬不當行爲，但這類報告仍層出不窮。另一方面，忙於處理每日業務的實務工作者，大概也沒有多餘心力能好好處理政策課題，更不用說是自行鑽研與自身業務無直接相關的研究了。我希望對這些讀者說明政策研究的用處，說服讀者實踐政策研究。如果你想盡早進入正題，請跳過這一節。

對大學生、研究生

首先，關心現實社會的問題、立志解決社會問題的學生，應該不需要重新建立動機吧。政策研究是解決問題的切入點，對將來想成爲公務員或

智庫研究員的同學而言，政策研究將給予他們放眼未來的訓練機會。

　　另一方面，對於本身沒有明確興趣和志向，只是出於好玩而加入政策類專題課的學生而言，研究方法論也相當有用。各位出了社會之後將會面臨各式各樣的難關，爲了克服難關，你們必須面對問題、探討原因然後擬定對策。雖然政策研究處理的是政策問題和社會問題，但即使換成商業問題、里民會或家長會上的問題，探討原因和解決問題的方法論也沒有不同。透過政策研究學習方法論，對那些並非立志成爲公務員、也不打算涉入政策領域的學生，也一定有幫助。

　　日本的7-Eleven集團前董事長鈴木敏文多次提及驗證假設在商業上的重要性（例如鈴木敏文，《挑戰 我的浪漫：我的履歷》，日本經濟新聞出版社，2008年），實際上，我在專題課上指導過的學生中，有一位在畢業後進入民間企業工作，他曾經告訴我，在專題課上學習探討因果關係和驗證假設的方法論，對工作有很大的幫助。他任職於企劃和銷售統籌部門，工作是針對自家產品銷售量低迷的地區設定假設，透過資料和經驗來驗證，並且提出新的銷售手法，他表示此工作思路與政策研究如出一轍。我相信，這個現象在業務部門的工作上也有異曲同工之妙。

　　政策研究對研究生而言也是有效的訓練。我自己本身也是如此，剛考進研究所、尚未累積社會科學訓練經驗的人，首先必須習得基本思路。即使在大學學習過政治學的研究生之中，也有許多人缺乏組織研究的能力。雖然多數方法論的教科書會解釋縝密的推論方法和分析技法，但即使是以研究爲志業的人，也很難輕鬆實踐這些方法，所以我建議各位先從本書介紹的基礎技巧開始學習。

對實務工作者

　　對於在第一線處理問題的實務工作者，政策研究是一條通往問題解決的路，也是有助於思考出解決對策的實踐方法。在日本，目前政策的建立仰賴審議會和諮詢會議上的專家。但是，負責人員不能以此爲藉口而放棄思考，將問題分析和解決對策的發想全交給審議會。爲了理解專家的討論

內容，也為了主持討論、在對立的見解之中判斷何者最值得信賴，實務工作者也必須習得此思路和發想方式。

應該有不少人就此下定決心，參加職場上的「政策規劃研習」，或是購買工具書來閱讀，卻未得到符合期望的收穫吧。目前坊間的政策規劃研習和工具書都只觸及政策表面，並未深入介紹如何建立政策內涵。

為什麼會發生上述情形呢？這是因為擔任研習講師的大學教授，並未充分了解第一線人員的需求，而負責規劃研習的人員也不清楚大學教授具有的知識和技術，無法判斷哪些知識有助於實務工作，導致明明存在有用的方法論，卻未注意和使用它。本書試圖解決這個問題，在大學的知識和實務之間搭起橋樑，提出政策研究的方法論，藉此將有用的課程提供給職員研習使用，揭開過去的指南未曾提及的政策內涵之建立方法。

遺憾的是，並非所有實務工作者都有意持續鑽研。有些人平時業務繁忙，連參加各層級研習的時間都擠不出來，這樣的人其實更需要學習政策研究的思考方式。實務工作者本身擁有的資源為問題意識和經驗，只要再加上正確的架構，就能產出優秀的成果。經驗是進行研究時的重要武器，沒有不活用的道理。

公部門歷經財政困難和行政改革，工作量增加了，人員卻減少了，加班工作也有其極限，必須從根本上去除工作量增加的原因才行。為此，我們需要提出疑問、鎖定問題、找出原因的能力，而了解這套方法論就能大幅提升「提問能力」和「思考能力」，請透過政策研究來學習。本書是大學入門書，內容一點也不艱深。只要了解幾個思考方式和步驟，任何人都能學會如何使用，並且應用在政策研究上。如果你被例行公事壓得喘不過氣而放棄了思考，請一定要運用本書介紹的方法。政策研究能讓停止思考的人和迷惘的人脫離重蹈覆轍的問題，成為「思考」的契機。

4　本書的結構

依循政策研究步驟的結構

　　本書建議的政策研究步驟如圖表序-2所示，依照（1）建立研究命題；（2）建立假設；（3）蒐集資料與觀察研究對象；（4）驗證假設的流程進行。在進行（1）至（3）的過程中，同時也進行文獻研究（調查與蒐集文獻、資料）。走完以上步驟將釐清因果關係，研究也將暫時結束，接著進入（5）統整結果並發表的步驟。

　　到此已可算是完成，不過本書設定了（6）將研究結果應用於政策的步驟。如果學生想進行到步驟（6），可以從步驟（4）的驗證直接進入（6），連同規劃的政策草案一起做步驟（5）的發表。而實務工作者在步驟（4）找出問題的因果關係之後，可以先進行步驟（5）的發表，之後進入步驟（6）應用於政策時，則可以跳過發表，直接擬定草案送交決議以求執行。另一方面，在大學的專題課或職員研習上，可以請學員發表進行至步驟（4）為止的成果，再由所有學員共同討論如何應用於政策。

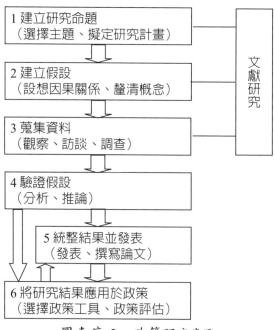

圖表序-2　政策研究步驟

（1）至（6）的步驟大致能對應第1至第6章，而關於文獻研究的內容則放在第3章，以求方便。

在此先說明各章的結構。第1章闡述選擇主題和建構研究計畫，以「研究命題」為代表術語。閱讀這一章，能了解「問題內容」對於開啟研究的重要性。

第2章將說明如何建立假設，建立假設就是透過邏輯思考（在腦中）試著組合因果關係。此步驟需要邏輯和聯想力，若有知識和經驗會更加分。假設除了須符合邏輯，也要能被驗證。這一章將說明建立這種假設的方法，闡述進行研究的準備工作。建立假設與思考因果關係的過程訓練，也有助於提高政策規劃能力。

第3章除了說明如何進行文獻研究，以建立研究命題並導入假設，還會提到如何蒐集在驗證階段使用的數據資料，並介紹相關資源（資料來源）。學習這一章介紹的資料來源和搜尋秘訣，不僅有助於研究，對於實務工作者和將來出社會的學生而言，不論是在選擇與委託研習講師或審議會委員、企劃與舉辦論壇，或是與專家、研究員群體攀談，各種場面都能派上用場。

第4章將介紹驗證假設的方法，包含實驗、比較、統計、案例研究。主要目的並非說明詳細方法和技巧，而是希望讀者了解一貫的基本思考方式。只要建立好此基礎，政策研究就不是難題。此外，這套基本思考方式還能帶領讀者使用觀察到的材料進行分析、推論，並導出結論，依循此思路撰寫學術論文。只要學會這套方法，原先感到困難的學術用書也會變得容易閱讀。

第5章將說明如何統整研究結果，並介紹報告和發表的方法。這一章雖然將說明重點放在運用簡報軟體和摘要的口頭發表技巧，不過將研究結果彙整為報告或論文等書面形式的行為，也可以說是廣義的「發表」。撰寫文章、反覆整理研究過程，是培養邏輯思考最有效的方法，因此這一章也會提到對於撰寫論文的建議。

第6章的主題是如何將研究結果應用於政策，政策問題五花八門，解

決方法也不勝枚舉。但是，「針對一個問題使用哪一種方法最有效」的研究文獻並不多，且多半散落於法學、經濟學、公共行政學等領域。因此，這一章會先介紹政策學中的一般步驟——「政策分析」，並帶出政策研究。接著大致描述各種政策工具，讓讀者能選出適合研究結果的方法。最後大略說明如何評估建立好的政策草案，作為政策選擇上的參考，也就是建議政策型的研究方法論。

研究步驟與自由發想

　　本書如圖表序-2所介紹的研究步驟，接著在第1章和第2章指定研究命題和假設的形式，這麼做或許會引來「過於僵化」的批判，研究的確應任由研究者自由發想，而精細地指定如何建立命題可能會妨礙自由發想的，因此，我想先針對這一點下個註解。

　　本書起初來自地方政府的研習講座紀錄，因為是將平常在專題課上教授給學生的內容應用於地方政府職員的政策研習，所以內容基礎為專題課的講座計畫。但職員研習和授課時間充足的專題課不同，必須在較短的期間完成集中授課和小組工作，也必須讓職員學會政策規劃的方法論，因此才會特別指定步驟和形式。方法論並非上課就能學會，得先有過研究的經驗之後才能理解。那麼，該怎麼做才能讓職員在有限的時間內制訂研究計畫、統整結果、上台發表呢？我認為給予一定形式的步驟，再讓職員發揮興趣，會是比較有效率的做法。

　　當我將上述方法重新帶進大學的專題課時，我發現對學生也有益處。如果只對學生說「從有興趣的題目開始研究」或是「請建立假設」，由於範圍太廣，學生似乎都很迷惘。一開始先從既定的形式嘗試，似乎是比較容易著手的方式，這點對於閱讀本書自我鑽研的實務工作者而言也是一樣。總之，請先照著本書建議的步驟，進行到第四章左右，只要能建立言之有物的研究題目、研究命題，並且徹底研究就行了。如果你覺得你的發想受到限制，就回到一開始的步驟，試著建立更自由的命題吧。到時候你已經大致學會了方法論，應該不會再感到迷惘了。

　　那麼，接下來就進入正題。

第 1 章

建立研究命題

選擇主題與建構研究計畫

　　政策研究的第一個步驟是選擇主題，決定自己想闡明的題目之後才開始研究。我想應該有很多人都曾煩惱過暑假的自由研究要做什麼題目，政策研究的過程中最困難的也是踏出第一步。本章將介紹建立研究命題的作業，幫助各位踏出第一步。建立明快而精煉的研究命題是相當重要的步驟，足以左右研究的成功。以某種層面而言，我們可以說，只要能建立適當的研究命題，一半的研究──或是大部分的研究──就算是完成了，因此，針對想研究的問題「正確提問」是相當重要的要素。不過，各位不必想得太困難，研究命題都是從模糊的問題意識開始，隨著研究進展慢慢變得精煉。請先跟著以下的步驟，開始政策研究吧！

1　選擇研究命題：試著寫出有興趣的議題

　　本書推薦的方法論，將選擇研究主題的作業與建立研究命題結合，這裡所謂的研究主題不只包含學習能力低落、某鄉鎮的長者福利政策等具體問題或政策，也包含公民共同生產（co-production）、教育政策等模糊的研究範圍和領域。在研究的一開始必須決定範圍，即使是模糊的範圍也無妨。但是，決定了範圍之後，也還不能進入研究，必須先決定在這個範圍內想釐清什麼事，然後才開始探討答案（研究）。反之，一旦清楚想釐清的事（研究命題），就等於決定好研究主題了。

　　我想本書讀者之中，應該有特別關心特定問題或政策的學生，或是在

職場上直接處理問題的實務工作者。平時不會直接參與公共行政領域的公民或非營利組織的相關人士如果想到研究題目，一定是因為本身對於社會現況或問題有所疑問吧。這類讀者既然已決定好主題，就請依照下一節起的步驟，建立研究命題。

　　當然不是每位讀者都有清晰的命題，許多學生關心的領域眾多，或是完全沒有關心的題目，導致無法縮小想研究的範圍。而在實務工作者之中，有些人是被迫參加職員研習，無奈之下進行研究，或是願意與同期的同事組成自主研究小組，但是不知道要研究什麼才好。要從不設限的廣泛領域中決定想釐清的事，或是建立研究命題，其實相當困難，即使只有模糊的內容也好，必須先決定好主題，才有益於限縮探討範圍。

　　我必須遺憾地說，由他人針對選主題提出建議的方式並不多見，頂多只能提點當事人查詢有興趣的議題，將職場、日常生活中感到疑惑或認為重要的事當作主題。若是博士論文，指導教授可能會傳授學界關心的主題，或分配自身手上有潛力的題目給學生，但最終決定是否研究該題目的仍是學生本人，學生自己必須認同該題目也願意研究才行，因此唯有選擇自己有興趣的研究才可行。

　　簡而言之，研究者必須傾聽自己的內心，可以先選出幾個有興趣的主題，並且試著寫出內心浮現的題材。接著依照本書介紹的步驟，針對各個主題建立研究命題。重複幾次這個過程之後，如果能順利產出研究命題，那應該就會是適合完成研究的主題。對於那些不易決定主題的人，以上就是我的建議。

　　最後補充一下，最近有愈來愈多學生連有興趣的事都想不出來，如果你自覺有相同問題，請先閱讀報紙、新聞，並且和朋友討論社會上發生的事情，不要只從網路或手機中獲取資訊。如果經濟狀況許可，建議訂閱三個月左右的報紙（沒錢的學生請向指導教授的研究室索取舊報紙），剪下有興趣的報導，依照主題貼在不要的廢紙背面空白頁上，一頁貼一個主題與一篇報導，整理完應該就能知道自己感興趣的問題屬性，還可以將這些剪報直接當作研究資料使用。我的專題課上就有幾位學生因協助研究室做

剪報，因此決定好畢業論文的研究主題。

2　提問「為什麼」：闡明因果關係

　　研究命題如其字面上的意思，指的是「研究上的提問」，也就是以問句形式表達「這項研究想釐清的事」。舉例而言，針對如何解決工業廢棄物的非法棄置問題，可以建立「為什麼○○鄉／鎮（○○地區）會發生非法棄置呢」之研究命題。再舉一個例子，針對學生學習能力低落的研究，可以提出「為什麼△△鄉／鎮的學生學習能力低落呢」之疑問。

　　在此以「為什麼……呢」的形式提問有其意義。雖然，試圖解決問題的人最想知道的答案應該是「該怎麼做」而非「為什麼」，但有辦法直接獲得解答的情形少之又少。換言之，假如能輕易找到「該怎麼做」的解答、解決對策，那就不需要進行模糊的研究，直接執行該解決對策即可。通常是想不到解決對策，或無法證明能運用構思的政策草案解決問題，才因此想進行研究。此時必須做的是探討問題的原因，只要知道原因，就能建立方法來消除該原因，並且確認所提出的解決對策是否適當。

　　有時候明明有解決的對策，卻無法證明該對策是否能適用於自己的鄉鎮，且實務上可能必須提出對策實施效果，以說服反對黨和負擔費用的人。在上述狀況下，即使是探討政策實施效果的研究，提問「為什麼」和思考原因仍然很重要。因為只要知道原因，就能檢視該政策能否消除自己鄉鎮的問題成因，防止該成因所造成的結果。此時，也可以更進一步地提出「為什麼在○○鄉／鎮實施解決對策A能發揮效果呢（為什麼在△△鄉／鎮實施得不順利呢）」之疑問。釐清成功因素（原因）之後，即可確認該因素是否存在於自己的鄉鎮，判斷該政策是否可行。詳細內容將於第六章說明，請先記住政策評估也是為了釐清政策（原因）和作用於社會而產生之變化（結果）之間的因果關係，也就是探討「社會為什麼發生了變化？是政策造成的嗎？」。

　　不只如此，聚焦於提問「為什麼」的理由也和社會科學有關。如同序

章所述，社會科學的實證研究最常回答這類型的疑問，解開「為什麼」之疑問（探討因果關係）正是社會科學的強項。本書的策略就是運用這個強項，介紹政策研究的方法論。

　　除了「為什麼」之外，也可以提出「發生了什麼事」之疑問，亦即記述與了解現況之命題，筆者所屬的公共行政學家社群相當重視這一點。由於行政體系內部存在許多未解之處，若能透過研究了解發生了什麼事，並且公諸於社會，那可是別具意義。不過，了解現況之後，接下來自然就會想知道「為什麼會變成這樣」，因此也應探討原因。而作為提問「為什麼」的前提，本就須對「發生了什麼事」之有關現況的研究命題有一定程度的了解。在實際的研究中，「為什麼」和「發生了什麼事」的提問混雜出現是相當普遍的情形，這是因為在釐清現況的過程中，經常會浮現「為什麼」之疑問，關於這一點在第4章有詳細的說明。

　　大學生普遍都不太知道現實社會的現況，因為不懂的事太多，所以想不出適合的提問，如果沒吸收一定程度的知識，就無法建立「為什麼」之研究命題。如果你也是這樣，我建議你從提問「發生了什麼事」開始。在進行確認現況型的研究、了解問題現況的過程中，請等待自己注意到想提問的題目，這個方法不只適用於大學生，沒有實務經驗的研究生或研究員也可以嘗試。關於確認現況型的研究命題建立方法，第6節有詳細說明。

　　前述「發生了什麼事」之疑問應於「為什麼」之後提問。在學生的研究論文中經常出現一種現象，學生在建議政策時，有時候會指出「這樣的現況是問題」，然後直接跳到「所以應該這麼做」的建議階段，或許是他們對於解決問題的熱忱使然，但當被問及論點根據時，卻回答不出個所以然。與公共行政或地方自治相關的建議中也經常發生這種情形，這都是因為他們在提出「發生了什麼事」之疑問後連「為什麼」都未探討，直接進入「該怎麼做」的階段。但是，這種建議的說服力一定不高，免不了遭來不負責任之批評。由於這類研究只是在主張自己的想法，因此也無法獲得具有建設性的評價。為了避免這種獨斷的現象，在掌握現況之後，必須探討「為什麼」之疑問，再進行政策建議。

　　此外，從事政策研究的人之中，可能有些人比起社會問題或政策，對中央政府或地方政府更有興趣，所以想調查政策從草案的擬定、決定到實施的過程，也就是序章所述的政策過程論之研究。舉例而言，這種類型的研究所探討的研究命題可能是「為什麼成功制定了非營利組織法」、「為什麼○○市展開男女共同參與政策，但我居住的鄉鎮卻未實施」。這種類型也可以使用本書介紹的方法論，做出成功的政策研究。對政策過程有興趣的人不必刻意將主題改為政策論類型（關於政策內容的主題），請針對自己感興趣的事情建立研究命題吧。

3　什麼樣的命題是好的研究命題？

總之先建立命題

　　既然說到研究命題很重要，你可能會好奇什麼樣的命題才是好的研究命題。不過，本書不會特別著重在這一點。有些人已經有相當感興趣的主題或深切想解答的疑問，對這些人而言，論命題的好壞沒有意義，甚至可以說是多管閒事了。此外，對於來到專題課準備開始研究的大學生，或是為了研習、自主研究、自我啟發而閱讀本書的實務工作者，我會建議先建立命題就對了。就算一開始的提問只是暫定的主題，在研究的過程中仍可以加以改善，即使進行得不順利，只要重新建立命題即可。因此，只要是依循本書的步驟進行的提問，即可算是好的研究命題。

研究所的標準

　　話雖如此，可能有些人沒有標準就很難做事，所以請容我在此介紹研究所看待博士論文的三個標準。

　　標準一：提問有意義　研究所判斷好的研究命題之第一個標準為提問有意義，這裡所說的意義包含學術上的意義和社會上的意義。尤其博士論文將影響往後的研究人生，而且需要花費長時間進行，所以不能選擇學界不看重的那種枝微末節的題目，學界偏好的是多數研究員想知道答案的

提問，以及與其相關的題目，可以透過研究得到的解答，在學術上做出貢獻。

　　博士論文的學術意義受到重視，但同時具有社會意義會更好。當疑問獲得解答，有助於解決社會問題，或是讓人類生活更富裕，即使結論稍嫌牽強，通常還是會引導至對社會有幫助的方向，獲得研究經費的論文尤其會被要求這一點。本書讀者應該多半對於解決政策問題有興趣，即使不特別注意這一點也能滿足此標準吧。

　　標準二：尚未獲得解答的事　第二個標準是尚未獲得解答的提問。如果提問已有解答，那即使苦心研究也無意義。或許你會覺得這是理所當然，但事實上並非如此。常有學生到了要發表研究結果的階段，才知道學界已經有相同的研究，感到相當錯愕。因此，專業的研究員和博士生在進行研究前，都會全面尋找與自己的研究主題有關的研究（**文獻回顧**），徹底調查想研究的主題已被研究到什麼地步，還有哪些部分尚未獲得解答。透過這個作業，研究員才能發現有意義的命題是什麼。

　　雖然爭相尋求新發現的研究員針對已有解答的命題進行研究沒有意義，但對學生和實務工作者而言就不同了。儘管已有解答，但正因為不知道有解答所以才提問；儘管已有人先一步找到答案，但只要知道答案就有機會解決問題。學生因為想知道答案（文獻回顧）而埋頭閱讀，這個行為本身就值得肯定了。

　　標準三：有答案　第三個標準是在一定期間內取得答案，這是相當重要也理所當然的標準，研究命題必須在博士生身分的期間內獲得答案。一般會希望等研究員取得博士學位、開始獨立研究之後，再來處理較龐大的提問，這一點無論專題課上的報告還是畢業論文都適用。在實務現場應該也是如此，如果交出沒有結果的研究，可能會被要求在下班時間再從事有興趣的研究，即使生出期中報告書，大概也只會被收進負責主管的「抽屜」裡吧。

　　以上就是研究所的標準，不過本書讀者不需要拘泥於這些標準。請忽略好壞，總之先建立研究命題吧。學習博士論文的方法、廣泛回顧文獻自

是有益，如果你想挑戰，也歡迎嘗試看看。

4 組合研究命題

依照目前介紹的步驟，你已經能提出「為什麼……呢」之疑問，接下來你可以直接進入第2章，不過總覺得有些不足之處對吧？當你實際按照以下步驟建立假設，使研究命題變得更具體之後，應該會覺得比較容易作業。因此，請試著深化一開始的研究命題，讓它變得更具體吧。

細分提問

你在上一節建立的「為什麼」之提問，是你想知道的事，也可以說是研究的最終目的，所以通常較籠統，範圍也比較大。「籠統」、「範圍大」等形容聽起來曖昧，實際上指的是將多項原因和結果複雜組合的狀態整合起來，或是將不同的事件一起處理的意思。若要回答這種疑問，其實不容易找到研究的切入點。

以「為什麼會發生學習能力低落的現象呢」之提問為例，包含了許多個地區的各種學習能力低落問題。即使將題目限定至自己居住之鄉鎮的學習能力低落問題，仍涵蓋了各個學年與學科。數學能力低落和國語能力低落的程度相同嗎？即使程度相同，那原因呢？至少不能用「因為學生不讀書」來搪塞吧，這連研究都不需要了。如果有多個原因和多個結果存在，那該從哪裡切入呢？你要先解析提問，將它細分為多個具體的疑問。在事前進行這項作業，能幫助你更容易進入下個步驟。

專業人士的研究也是這樣進行的，例如羅伯特・道爾（Robert A. Dahl）的政治學名著《誰在統治？：一個美國城市的民主和權力》（河村望、高橋和宏監譯，行人社，1988年）以其研究命題為書名，雖然不是「為什麼」之提問，而是確認現況型的提問，卻是每個政治學者都感興趣的提問。這個提問範圍相當廣泛，令人不知道會從何處著手，因此道爾在其研究的開頭便將提問細分，提出了許多具體的疑問。這些疑問大致上包含

「左右（統治）影響力的政治資源如何分配」、「實際上如何進行重要的政治決定」、「影響力類型是否永久不變，抑或會改變」，原本的提問經過細分之後變得更具體了，而後面的章節則分別探討這些細分後的疑問。

　　通常研究員會在吸收回顧文獻中的研究主張之後再建立提問，佛洛伊德・亨特（Floyd Hunter）的《社區的權力結構：決策者的研究》（鈴木廣監譯，恒星社厚生閣，1998年）就特別注意到了這一點。亨特探討「少數社會或經濟精英握有權力」之主張，提出「道爾的理論是否正確」、「決定種類不同時，對決定握有影響力的人是否也不同」之疑問。這牽涉到研究方法（評判法或爭點法）的不同，針對地區權力結構展開了相當有名的論戰。

以學習能力低落為例

　　細分提問其實並不容易，接下來我將繼續以學習能力低落為例說明。所謂的學習能力低落究竟該怎麼看呢？由老師或家長的印象而定嗎？還是用統一測驗的分數等數值來判斷呢？如果是前者，那就需要有系統地訪問調查；如果是後者，雖然算是客觀資料，但還是需要確認所謂「低落」的比較基準點。因此，我們可以深入分析問題，建立以下提問：分數低所顯示的學習能力低落是否只發生在我居住的鄉／鎮，或是全國的問題？如果只有我居住的鄉／鎮特別明顯，原因為何？這種變化是從什麼時候開始出現的，是突然出現還是長期趨勢？如果能找到特定的期間，又為什麼是那段期間呢？在那段期間前後，中央政府或地方政府的教育政策是否有變化？此外，學習能力低落是整個鄉／鎮（多數學生）所發生的現象，還是只有特定地區或學校的學生有此現象呢？如果是特定地區，為什麼該地區明顯低落呢？那是什麼樣的地區？例如家戶收入、結構等有不同嗎？學校的教育內容有不同嗎？在一個學校之中，成績好壞也不同嗎？例如前段班沒有學習能力低落的現象，但後段班明顯學習能力低落嗎？如果是這樣，後段班發生了什麼事嗎？

　　問題的解析方式及細分方式，會因為研究員的問題意識而有所不同。

上述例子只是列舉出我個人想到的提問，將描述「發生了什麼事」之現況的提問，與探討「為什麼」之原因的提問組合，把一開始範圍廣泛的提問細分，重新深入並具體提問。此外，我在「為什麼」之提問下方畫上底線，與一開始提出的「為什麼發生學習能力低落的現象」相比，你應該能感覺到哪些提問更具體好切入吧？

　　如果你曾經做過研究，你可能會發現上述經過細分的提問之中，有些提問必須對於問題的原因有一定的預想才能產出，雖然預想答案（假設）是第2章的範圍，但建立提問的作業與建立假設的作業（有時候包含更後面的驗證作業）其實是同時進行的。

A型與B型命題

　　到此你已經建立了一個較大的研究命題，以及經過細分的幾個具體提問。只要在筆記本上列出這些提問，就足以進入下一個步驟了。不過，如果再花一點時間，預先組合經過細分的提問，你將會清楚看見研究的最終終點以及抵達終點的程序。

　　曾在哈佛大學甘迺迪政府學院任教，現任職於倫敦政治經濟學院的公共管理專家麥可・巴瑟雷（Michael Barzelay）教授，提出將研究命題分為A和B兩類型的做法。「Type A Question」是有關學會探討的論點，以及能說明多數現象的法則之提問；而「Type B Question」則是對於案例的提問。這兩者的關係必須如圖表1-1所示，只要回答大量具體的Type B Question，就必然能找出Type A Question的答案。

　　用A型與B型這種代稱可能反而不容易理解，那就以羅伯特・普特南（Robert D. Putnam）的《使民主運轉起來：現代義大利的傳統》（河田潤一譯，NTT出版，2001年）為具體例子吧。此研究的A型命題為「為何特定政府比其他政府運作順利」，更普遍地說就是「特定的政治制度（政府）運作較順利的條件是什麼」之提問。這是政治學的大哉問，該研究從古希臘時代開始探討。

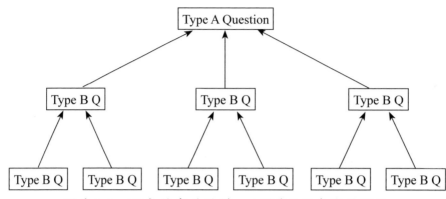

圖表1-1　研究計畫的結構：A型與B型命題的關係

資料來源：筆者參考Barzelay, Michael, et al. 2003. "Research on Public Management Policy Change in the Latin America Region: A Conceptual Framework and Methodological Guide." *International Public Management Review* 4-1製作而成。

　　而該研究的B型命題則是「北義城市的州政府運作較順利，居民滿意度較高，南義城市的州政府運作沒有北部順利，居民滿意度也低，這是為什麼呢」。

　　普特南從各州居民間的社會連結及自治的強度和活絡度中尋找提問的答案，提出「社會資本愈雄厚的地區，政府運作愈順利」的假設，並基於縝密的調查進行驗證。所謂**社會資本（social capital）**，指的是社會規範和人與人之連結等「資本」，與資金和生產設備等資本一樣，能產生社會價值。此研究發表後，社會資本遂成為政治學家熱烈研究的對象。此現象固然出於該研究技巧純熟以及社會資本概念本身饒富趣味，但更是因為該研究根本之A型命題對政治學家而言相當重要，而且普特南對於大家都關心的此命題，提出了與過往普遍說法「經濟發展愈成熟的地區，政府運作愈順利」不同的見解。

　　在探討與義大利有關之B型命題時，普特南建立了更精細的提問，包含「政治制度的變化對於人們的政治行動和態度有什麼影響」、「義大利各州政府績效（政府的業績表現）如何」、「各州的社會資本有多雄厚」、「社會資本和經濟發展程度何者與政府績效高度相關」。這些也是

B型命題，藉由回答這些B型命題，進而往上回答上一層的B型命題以及更上層的A型命題，形成研究的結構。

如何使用A型與B型之分類

對於學生、實務工作者或市民而言，想探討的提問是否獲得學界關心，其實並非要事。因此，本書將A型命題定義爲「自己最終想解答的提問」，B型命題則定義爲「根據想研究的案例所做的提問」。

例如拙作《地方政府發動的政治改革：從景觀條例到景觀法》（木鐸社，2006年）研究的主題沒有《使民主運轉起來》那般浩大，適合在此當作範例。我以「爲什麼地方政府能領先中央政府規劃出新政策呢」爲A型命題，並以景觀條例爲研究對象提出了多個B型命題，其中包含「群馬縣此一小型地方政府制定景觀條例防止胡亂開發，但周圍的大型地方政府卻無法制定景觀條例，或只能在景觀條例設定寬鬆的標準，這是爲什麼呢」。

以上提到的是政策過程論的提問，除此之外，該研究也探討了政策論的提問，包含「爲什麼良好景觀不易保存呢」、「爲什麼優良景觀容易被破壞呢」。更進一步往下，我也探討了「作爲財產的景觀有什麼樣的特質」、「人們針對景觀採取了什麼樣的行動」等提問的答案。我將此研究放在本書卷末當作案例演習的素材，歡迎多加參考。

此外也舉一個假想案例，研究主題爲「X鄉的公民共同生產情形」。公民共同生產是大學生的畢業論文、實務工作者研習中相當受歡迎的主題，在此最終想解答的是「居民與公部門要如何建立夥伴關係」、「鄉／鎮該怎麼做才能促進公民共同生產」。爲了使主題更明確，請建立「爲什麼」之提問，例如以下研究命題：

Type A Question：爲什麼能形成公民共同生產呢？

以下則是根據案例將該提問具體化的成果：

　　Type B Question 1：為什麼X鄉無法在社福部門獲得居民協助呢？為什麼Y鄉能在社福部門（或X鄉在資源回收部門）順利運作呢？

　　Type B Question 2：社福部門有什麼樣的運作？缺少什麼樣的運作？居民有什麼樣的反應？為什麼會有那樣的反應呢？等等。

　　雖然目前先列出這些，不過有些主題可以如圖表1-1般組合更多的B型命題。

　　請記住，我們的最終目的不是建立研究命題，而是透過研究找到想知道的答案。你不需要嚴格遵從運用A型與B型命題的組合，除非你是要建立如以下般的研究計畫，不然只要確認最想解答的提問後，就足以進入下個步驟。

研究計畫

　　在進行研究前，通常會被要求撰寫研究計畫。因此，我要在此介紹如何運用研究命題撰寫研究計畫。通常大學生在初期階段發表研究計畫，由指導教授給予建議。此外，申請研究所、獎學金或留學時也都需要提出研究計畫，專業的研究員也經常為了爭取研究經費而撰寫研究計畫。實務工作者可能不太有機會撰寫研究計畫，但相關的知識在委外進行調查工作時能派上用場。

　　我建議各位在撰寫研究計畫時，要明確寫出研究命題。以「研究目的」、「關注問題」、「問題所在」表達也可以，但是我經常看到用這些標題說明的研究計畫，因為研究意義和問題背景的篇幅冗長，最終未陳述其研究命題。揭示研究命題能幫助讀者快速了解研究者想解答的提問，這個做法將有效傳達研究者的研究內容，同時有助於研究者本身確認命題。

　　研究計畫中通常會包含「解析什麼」和「如何解析」的說明。「解析什麼」以研究命題來表現，「如何解析」在大多數時候是指案例研究的對象或「方法」，例如發放問卷並進行資料分析。「如何解析」也是研究計畫的必備要素，但光是上述說明，並無法傳達研究者往哪個方向深入探討

問題，也無法顯示研究者思考多深入、已準備多少。因此理想的研究計畫是提出多個B型命題，連結最終目標的命題（A型），就可以傳達研究往哪個方向深入探討問題。

前面提過的巴瑟雷教授曾說過，研究計畫應將研究命題好好交織在一起（a well-woven set of research questions），這是我在讀研究所時獲得的建議，將多個研究命題組合起來，的確能在研究計畫中更明確表達自己想研究的內容，並且確實傳達給對方。

但是，要組合圖表1-1那般有系統的研究命題並不容易，必須對研究命題有深入的理解，才能建立精準的研究命題。若要更進一步地連結這些命題，就必須看出問題的全貌才能做到。研究員通常會隨著研究進展才終於明白核心問題以及命題之間的關聯，然後根據這些心得修改研究計畫。換言之，研究將在不斷修改研究命題和研究計畫之下完成。

因此，我們可以說，在進入研究的最終階段以前，研究計畫都是不完整的狀態。然而，研究員會掌握各研究階段的整體樣貌，以及自身的最終目標，即使研究計畫不完整，仍會適時撰寫與修改研究計畫。此外只要再加入目前已明白的狀況，就能在研究中途的專題課發表時準備出有內容的報告。

5 建立研究命題時的注意事項

在建立研究命題時，我希望能留意幾件事，首先是想使用的研究方法（案例研究或統計分析），再來是評估能否蒐集資料或進行觀察，最後是進行分析和觀察的單位。

關於研究方法，我會在第4章介紹。研究會變成什麼樣子，取決於使用的研究方法。舉例而言，討厭數字的人使用統計分析做研究不會快樂，但我們做研究就應該樂在其中。研究方法的選擇通常取決於研究命題或假設，請在建立命題時稍加評估各研究方法會帶來什麼影響。

關於蒐集資料和進行觀察，我會在第3章介紹。這一點會牽涉到研究

是否可行，如果無法獲得資料，或是無法進行觀察，那就做不了研究。必須運用蒐集到的資料才有辦法釐清事實，請在建立命題時謹記這一點。

　　分析單位會在蒐集資料和案例調查（第3章）、驗證假設（第4章）等階段成為重要的問題，這一點也必須在建立命題時多加留意。所謂**分析單位**和**研究單位**指的是進行觀察或比較的單位，例如學習能力低落的研究中，基本上會以每個學生為單位，不過也有以班級為單位的例子，甚至能以學校、地區、國家為單位蒐集資料、進行比較。同理，以公民共同生產為主題的研究中，大多以鄉鎮為單位設計研究，但縮小為以政策領域（各課）、計畫、地區為單位，或是擴大為以縣市為單位也可行。

　　以什麼單位研究取決於個人興趣，也就是因研究命題而異。研究命題會反映出研究的人是對地方政府有興趣，還是對政策或計畫有興趣，也會影響到分析單位的選擇。此外，即使研究命題未鎖定分析單位，也大多有適合解析該命題（或驗證假設）的單位。假如想知道家庭環境與學習能力低落的關係，那就適合以每個學生為單位（這並不代表不能以學校或地區為單位研究）。

　　另一方面，根據資料的限制，也有可能會限縮可設定的分析單位。例如雖然存在以個人或學校為單位的學習能力低落相關資料，但只有接受教育委員會委託調查的研究員才能輕易瀏覽，一般人頂多只能獲得鄉鎮單位的資料。此外，大部分的統計資料是以縣市為單位，以鄉鎮為單位公布的資料有限。如果無法取得鄉鎮的資料，那就只能將分析單位設定為縣市了。

　　當資料的限制決定了分析單位後，配合該限制建立研究命題是一種權宜之計。只要沒有不妥的地方，我會建議各位這麼做。但是，假如你無論如何都想研究自己居住的鄉／鎮問題，而公開資料卻只有縣市單位時，該怎麼辦才好呢？一個方法是自行努力蒐集資料，例如以自己居住的鄉／鎮所在地（國中校區等）為單位蒐集資料。另一個方法是，根據以縣市為分析單位的研究來驗證假設，並且將獲得驗證的假設應用於自己居住的鄉／鎮，然後提出解決方法。這個方法與第4章說明的一般化（獲得驗證的假

設是否適用於任何地方）之問題有關，換言之，必須回應「在縣市成立的法則是否能套用於鄉鎮」之批評，只要建立論述說明就有可能說服他人。

在研究過程中會逐漸浮現與以上幾點相關的問題，因此不需要在建立研究命題的階段就全部決定好。但是，這幾點與命題內容密切相關，多少納入考量應可少走幾趟回頭路。

6 確認現況型的研究命題

如同前面所述，作爲提問「爲什麼」之前提，有必要先提問「發生了什麼事」。本節將介紹該提問方法，並以確認現況型的研究方法論爲例。

我在序章稍微提過，確認現況型的研究是以理解現況爲目的的研究。若以圖表序1-1般從確認現況→探討原因→建議政策之順序思考，也許你會認爲確認現況型的研究是一種尚未完成、半途而廢的研究，但實際上並非如此，確認現況型的研究不只是探討原因型的研究基礎，其本身還能對政策規劃有所貢獻。因爲決定政策的第一步就是調查現況，將社會問題所在傳達給社會和政策負責人，這個階段在政策過程論中稱爲**議題設定**（**agenda setting**）。例如以景觀保存的問題而言，常見的現象是外部知識份子從當地人視爲古老、無聊的街景中發現價值，指出那些街景正在消失的現況，使人們理解問題所在，促成街景保存政策。其他例子還有被認爲是自由選擇的打工族，其實並非自願成爲打工族的事實被揭露，以及點出兒童虐待問題的廣泛性與嚴重性等，進而有機會針對這些問題建立對策。

在介紹探討原因型的研究時，我建議各位在明白現況的範圍內具體細分A型命題，藉此讓整體研究計畫大致成形。但是，如果你幾乎不了解現況，就很難進入這一步。因此，在進行確認現況型的研究時，會採取逐步建立命題並且一一解答的方法。每次腦中浮現疑問，就進行調查，累積知識，然後引導出下個新命題。

那麼，該如何著手呢？以下介紹四個方法，第一個是閱讀文獻，進行

第3章介紹的文獻回顧。第二個方法是如第1節所述的製作新聞剪報，不喜歡紙本作業的人也可以利用第3章介紹的資料庫。第三個方法是試著調查資料，第4章將會介紹如何從資料中解讀出一定的**趨勢**。第四個方法則是選擇一、兩個對象進行案例研究，這個方法尤其適合學生，因為光靠文獻或資料並不容易掌握問題的具體樣貌。

請一邊進行這些作業，一邊建立提問。例如依序建立「過去的研究如何看待年輕人就業困難的問題」、「新聞報導又是如何看待該問題的呢」、「全國性數據資料是否明確顯示該**趨勢**」、「該問題在什麼樣的族群中特別嚴重」（也可以從數據中獲得答案）、「我居住之鄉鎮的高中及大學畢業生求職情況如何」、「有多少學生未能就業」、「未能就業的學生選擇了什麼樣的出路」、「支援年輕人就業的政策或制度現況如何」等提問，找出答案，並且繼續回答隨後冒出的疑問。

我很難用文字定義怎樣的狀態算是已確認或了解現況，但我可以說，當你不再浮現疑問時，就可以視為已了解現況。不過，在走向該狀態前，應該會先出現「為什麼會這樣呢」之疑問，那就將研究重點轉移至探討原因吧。

針對透過以上確認現況作業而了解之實際情況，該如何分析與描述呢？我將在第2章第6節介紹確認現況型的研究方法。

7　小結：研究命題的重要性

你應該已經了解研究命題是什麼了，讀到這裡，或許你會想拋下那些麻煩的作業，立刻到第一線蒐集資料、聽取當事人的心聲，這是很正常的念頭。研究命題的建立方式和組合方式因人而異，也會根據研究主題而有所不同，各位可以自行決定命題的詳細程度和具體程度。最重要的是研究最終目的在於得出結論，而非撰寫研究計畫或編排研究命題。請在自認必要範圍內進行，並以研究進展為最優先事項。

在此，我要先強調明定研究命題的重要性，原因至少有兩個，第一個

是研究命題能明確指示出研究的目標。在規模龐大且複雜的研究過程中，往往會迷失方向，不曉得現在正在做什麼，這種現象尤其容易發生在牽涉多人的研究，學生的畢業研究也常有「迷路」的狀況發生。此時應回顧最初的研究命題，重新確認研究目的。換言之，研究命題在漫長的研究中能發揮路標的作用。

第二個原因是為了向他人傳達研究目的。當研究成果彙整完成後，就要寫成報告或論文，編排文章，並在審議會或學會上發表，發表方法將於第5章介紹。以將研究目的傳達給讀者和聽眾的方法而言，明確寫出研究命題是非常有效的方法。在發表的開頭介紹研究命題，能吸引聽眾對命題解答的期待，從而聆聽發表內容，並且評估解答是否合適、證據是否充分，若認為不充分也會特別對此提出疑問。

當學生接受指導教授的建議，或實務工作者接受研究員的建議時，經常會被詢問「你的研究命題是什麼」。無論是為了不在研究過程中迷失，還是為了將研究內容傳達給他人，明定研究命題都非常重要。

第 2 章 ▶▶▶
建立假設
設想政策課題的因果關係

　　建立研究命題之後，便要找到該命題的解答，那就是政策研究的最終目標。要找到命題的解答或許容易，也可能不容易，有時候我們認為的解答在經過調查之後才發現誤會一場。那麼，該如何找到解答呢？

　　仔細調查是一個方法，但是埋頭調查未必就能找到解答。即使有學生想做「問卷調查」，但如果突然要著手設計問卷，大概連問卷裡要問什麼都不知道吧。為了設計出適當的問題，就必須大致預估可能的回答。使用問卷以外的方法調查時，也必須先有一定的洞見和方向。本書建議各位著重這一點，一邊建立假設然後驗證假設。

　　依照上一章的說明建立研究命題的人，可能腦海裡也同時浮現了答案。應該不少人已經有「一定是這樣」的洞見，即使本身沒有十足的把握。這些想法和洞見就是假設的候選名單，當然大部分都還需要再修改或驗證。建立假設本就不容易，由於假設獲得驗證就能成為研究命題的解答，精煉假設作業就是研究的核心。本章會先說明什麼是假設，接著介紹建立假設的方法以及實際案例。

1　什麼是假設？

暫定解答

　　什麼是**假設**？本書定義為「研究命題的暫定解答」。我們建立的研究命題以「為什麼」之提問為核心，假設則主要是關於因果關係的內容。以

「為什麼近年來我所居住的鄉／鎮小學生學習能力低落呢」之命題為例，假如猜想答案是「學習能力低落起因於經濟狀況惡化」，那就可以稱為假設。經濟狀況惡化為因，學習能力低落為果，此為因果關係。

　　順帶一提，史蒂芬‧范‧埃維拉（Stephen Van Evera）也在其介紹政治學研究方法論之著作《Guide to Methods for Students of Political Science》（野口和彥、渡邊紫乃譯，勁草書房，2009年）中，以闡明因果關係的觀點定義假設。該書將假設定義為「經過推測存在於兩現象之間的關係」（第8頁），分為推測因果關係之假設，以及不推測因果關係之假設。不推測因果關係之假設主張的是發現A與B之間有關係，但並非B起因於A（或A起因於B）之關係。A與B兩者都起因於C，兩者之間稱為虛假關係（詳見第3節說明）。

　　假設指的是暫定的解答，此處的「暫定」代表必須驗證。如同第2節之後詳述，進行文獻研究、調查案例、握有一定證據後將會導出假設，不過這也只是自認「一定是如此」的預測或預想。因此，為了主張那是研究命題的解答，就必須**驗證**──印證觀察或實驗結果後確認為妥當（詳見第4章說明）。

　　假如我們針對學習能力低落的問題，建立了起因於經濟狀況惡化之假設，雖然此假設看似合理，但並不保證正確無誤，或許「實施寬鬆教育導致授課時間變短」才是原因。換言之，「學習能力低落起因於授課時間變短」之假設也可能成立。究竟何者正確，抑或有其他解答，就必須運用資料或透過觀察來驗證。

可驗證

　　針對假設的定義，還有一點需要補充，假設必須是可驗證的內容。如同前述，驗證指的是印證觀察結果或經驗後確認假設成立。反之，可驗證也代表至少可以證明假設不成立，也就是可以反證。

　　政治立場之聲明和宗教信念是無法驗證的，此外在表達可驗證時，必須以明確的言語說明，不能有同義反覆的現象。以「只要進行地方分權，

居民就能自行決定自己居住之地區的事，因此應該進行地方分權」之地方
自治論考常見主張爲例，前半看似假設，但其實無法驗證。地方分權本就
包含地區居民自行決定——由居民自行決定地區的事，因此這個假設當然
成立，定義上只是在原地打轉，陳述整體而言人都喜愛自行決定（包含在
地方分權之內）之信條。

假設之形式：「愈……就愈……」

探討因果關係之假設有很多種表現方式，也可以直接以「X的原因是
Y」或「X起因於Y」來表達。但是，如同本章後面所述，我們很難直接
確認X就是原因，所以，我們可以先假設X與Y相關，用「當…（X）…
時，就會…（Y）…」或「愈…（X）…就愈（傾向）…（Y）…」之形
式來表達假設，這樣較容易驗證。當X變化，Y也會隨之變化，此亦稱爲
共變關係。

以「爲什麼能形成公民共同生產呢」之研究命題爲例，假如我們建立
了「當居民之中有熱心的領導者，公民共同生產風氣就會熱絡」之假設。
此時雖然內心預想熱心的領導者（X）是原因，公民共同生產是（Y）結
果，但我們先設定「兩者具有相關性」之假設。此外，也許有人會批評假
設應使用明確的詞來表達，「熱心」這個定義模糊的詞並不適當，這一點
容我後述，先暫時繼續說明。

不是所有研究對象都能獲得是非分明的結果，在現實社會中，多數
問題都是程度問題。以公民共同生產的例子來看，每個地方的居民中理應
都至少有一、兩位領導者，或許都能找到一、兩個公民共同生產的案例，
如此一來，假設定爲「居民之中熱心的領導者愈多（領導者愈熱心），公
民共同生產風氣就愈熱絡（例如：與居民共同進行的業務數量和金額愈
多）」會比較適當。因此，「愈……就愈……」的表現形式更爲普遍，
「當……時，就會……」的表現形式則適用於「表達事件起因之有無」這
種特殊狀況。

在此先稍微介紹後續的步驟，驗證此形式之假設的方法爲確認「X愈

多，Y就愈多」之關係存在。以公民共同生產為例，就是在調查對象的鄉／鎮調查居民之中的領導者人數（或是以某種方法測量熱心程度）與公民共同生產風氣的熱絡程度，並且確認「前者愈多，後者就愈多」之現象。但是，這個做法光看一個鄉／鎮可不夠，至少得各觀察兩個領導者多和領導者少的鄉鎮才行。同理，在驗證「當…（X）…時，就會…（Y）…」之形式的假設時，除了確認X和Y同時存在的情形，也要確認X不存在時Y也不存在的案例。換言之，此形式之假設也要印證「當不是…（X）…時，就不會…（Y）…」。

考量上述說明，請先試著建立「愈……」之假設，請注意此形式之假設只敘述了X與Y相關，即使此假設成立，也不代表X導致Y發生，有可能是Y導致X，甚至Z同時導致X與Y發生，X與Y之間無直接相關，這一點在第3節有詳細說明。

「愈……」之形式的假設只是為了讓後續的驗證容易進行，你當然可以自己經過整理而使用不同形式的假設。

與研究命題之關係

第1章介紹了A型與B型命題，A型是「自身最終想解答的提問」，B型是「根據想研究的案例所做的提問」。雖然你不需要拘泥於兩者的區別，但既然介紹了，請容我將命題與假設做個關聯。第1章介紹的例子如下：

Type A Question：為什麼能形成公民共同生產呢？

Type B Question 1：為什麼X鄉無法在社福部門獲得居民協助呢？為什麼Y鄉能在社福部門（或X鄉在資源回收部門）順利運作呢？

Type B Question 2：社福部門有什麼樣的運作？缺少什麼樣的運作？居民有什麼樣的反應？為什麼會有那樣的反應呢？等等。

在這個例子中，「居民之中熱心的領導者愈多，公民共同生產風氣

就愈熱絡」之假設，只能當作命題A或命題B1之解答，因為該兩者是探討
因果關係的命題。而命題B2則是「發生了什麼事」之提問，用來了解案
例，所以不需要勉強設定假設。

　　根據研究命題建立假設時，可能會出現更多疑問。在設定假設為「居
民之中熱心的領導者愈多，公民共同生產風氣就愈熱絡」之後，你應該會
好奇「居民之中有很多／很少領導者的原因是什麼呢」，更具體而言或許
會出現「為什麼資源回收部門有很多領導者，社福部門很少領導者呢」之
疑問。對此，說不定會進一步想假設「那是因為過去培育領導者之居民活
動經驗累積所致」或「長年以來接受鄉政府補助」，以本書建議的假設形
式可能會是「鄉政府對居民活動的補助金愈多，居民之中就愈容易出現熱
心的領導者」。如此反覆地建立命題、設定假設之後，將逐漸靠近根本原
因，解開複雜的因果關係。我之所以在第1章建議各位先著手建立研究命
題，就是因為在思考假設的過程中，提問也會愈來愈精煉。

　　命題與假設不一定是一對一的關係，針對一個命題可能會想到多個假
設。在公民共同生產的例子中，我們提到了居民之中領導者的存在、居民
活動的經驗累積、鄉政府的補助金，此外還可以舉出鄉政府提供的共同生
產事項符合居民需求、居民的關注、經濟或時間上的充裕度等等，從居民
的角度建立假設。這些假設大多都有機會成立，並不會因為其中一個假設
成立而否定掉其他假設。建立了多個假設後，有時候能整理為**假設群**一起
驗證，歡迎在拙作《地方政府政策過程動態：政策革新與影響》（慶應義
塾大學出版會，2002年）閱讀案例。

　　如果是博士論文的研究，通常會要求探討最根本的重要原因。第1章
介紹之普特南的研究中，普特南以其主張之社會資本為主要假設，將當時
一般認為重要的經濟發展狀況放在**對立假設（alternative hypothesis）**的
位置，試圖揭示前者較後者更貼近現實。而且不僅如此，由於過去的社會
資本也會左右現在的政治制度運作和經濟發展程度，政治制度和經濟發展
程度看似相關，但其研究顯示無直接相關，試著否定了該對立假設。

　　我們進行的政策研究不一定要找到問題的解方，即使得到多個假設同

時成立的結論也無妨。只要基於該結論，針對多個原因實施對策即可。但是，如果有多個假設成立，代表存在多個原因，那就必須思考各原因間的關係。如同前例，鄉政府補助與居民之中的領導者之關係，若能釐清「透過補助培育居民之中的領導者，進而促使公民共同生產」之關係，就能根據該發現來規劃從根本原因驅動的政策。

2 如何建立假設？

我在前一節建議以「愈……」之形式建立假設，接下來要介紹建立與發想假設的方法。與假設類似的詞爲**理論**，雖然學界對於理論的定義有微妙的差異，但你可以想成多個假設（暫定的解答）獲得驗證，其中幾個假設或主張組合起來形成理論。也可以提高假設的普遍性和抽象程度，將可以解釋多個乍看之下無相關現象的內容稱爲理論。方法論的教科書很難傳授形成理論的方法，因爲理論終究是各個研究員靈光一閃的結果。雖然形成理論的假設也可以說是靈光一閃的結果，但應該存在產生靈光一閃的步驟和訣竅。我會先介紹適合實務工作者和社會人士的方法，接著再介紹適合學生的方法。

以下介紹的方法基本上有助於想出多個候選假設，如果能盡可能從候選假設中挑出最有希望的假設，就能提高好的假設（能承受嚴格驗證的假設）之出現機率。實務工作者和社會人士經驗豐富，能從過去的經驗中想到各種可能的因果關係，因此不需要花費太多心力就能想出多個候選假設。

那麼，缺乏經驗的學生又該怎麼做呢？動用爲數不多的經驗來思考固然重要，但就我專題課上的學生來看，當我想出十個假設時，學生似乎只想到兩、三個假設，因此他們需要其他像是（1）文獻研究；（2）理論與模型；（3）案例研究等三個方法來補足經驗，以下將和活用經驗的方法一起依序說明。

適合實務工作者、社會人士的方法：活用經驗

　　擁有實務經驗的人容易想到事物的原因，實務工作者在工作現場接觸問題狀況，遠比研究員掌握更詳細的實情。經驗豐富的社會人士也是如此，只要整理好研究命題，即使不太確定也能想到幾個答案。

　　經驗之所以有助於導出假設，是因為可以從類似的經驗和見聞類推出問題現象的原因。例如「這種時候領導者做出決定很重要」或「仔細一想是因為居民願意協助才順利進行」，即使與研究的問題不完全相同，也能想到類似的狀況並作出考察，這和後面敘述的適合學生之方法論有類似的腦力激盪作用。

　　「運用經驗」乍看之下倚靠的是不可靠的直覺或猜測，但其實必須做的是將經驗當作討論素材，歸納與推論出解答。**歸納**指的是從個別現象導出一般原則，與從少數前提找到理論並導出結論的**演繹**形成對比。在歸納思考中，擁有促進思考的素材是一大優勢，理應好好利用。至於透過這個方法導出的假設是否命中紅心，只要經過驗證來確認就行了。

　　不過，經驗有時候也會妨礙靈活思考。過於倚賴經驗給予的資訊，容易偏重單一立場的見解，或是否定其他觀點的看法。因此，我強烈建議採用接下來介紹的方法，尤其閱讀書籍與論文能增加思考線索，提高思考能力，即使手上有相同素材，也能想出更貼近問題本質的假設。

文獻研究

　　補足學生經驗與知識的第一個方法是**文獻研究**，第3章將介紹文獻研究的定義和操作方法，請暫時先當作是閱讀相關書籍和論文的意思。

　　我們所認為的重要問題，他人也應該會認為那很重要。當他人已進行過研究，發表過論文等內容，我們就可以參考並且建立假設。假如針對公民共同生產查詢文獻，發現許多文獻說「關鍵在於居民之中有領導者」，或雖然文獻數量不多但你感覺該主張有說服力，那就可以採納為假設，並進一步用於下個步驟。

　　專業研究員也經常使用此方法，尤其日本的研究員經常在研究中，試

著將國外進行過的研究成果套用於日本。此時，在國外的研究中找到的因果關係，會成爲日本進行的研究之假設。雖然這類研究大多只稍微修改既有假設以建立獨創性，但如果你想在學術上做出較大的貢獻，就必須批評既有假設，提出與之對立的假設。正因爲普特南提出的「社會資本愈雄厚的地區，政府運作得愈順利」之假設，推翻了「經濟發展階段決定政府功能好壞」之定論，因此獲得廣大迴響。普特南爲了導出這個假設，閱讀了大量關於政治制度運作的文獻。

　　進行文獻研究時，你可能會發現過去已有人研究過，並且建立了許多有道理的假設，甚至連運用妥善程序的驗證都做完了，這種時候該怎麼辦呢？在政策研究中，尤其處理地方政府的政策時，通常很難遇到與自己預想相同的案例被拿去驗證，所以只要把相同的假設拿來驗證其他案例即可。如果使用計量資料進行驗證，也可能可以使用相同的資料組。此時先試著自己驗證看看也沒什麼損失。以相同步驟自己**重複研究**，是學習研究流程的良好練習。

　　畢竟大多數進行政策研究的人本來就是爲了尋找問題解答，只進行文獻就找到答案也可以算是大功告成了。尤其中央或地方政府的職員如果能針對職務上的疑問，建立起有系統地從文獻中尋找答案的習慣，這本身就是良好的改變與進步。此外，政策研究並非找到問題的原因就結束，還要根據獲得驗證的假設，提議或建立政策才好（參見第6章），也就是進行建議政策型的研究，發揮獨創性。

理論、模型

　　第二個導出假設的方法是理論、模型。前面已說過什麼是理論，而關於**模型**，不同研究領域有不同的意思，很難給予明確定義，本書視爲現實世界的框架，由多個獲得驗證的假設組合成爲普遍的內容（歸納模型），或經由少數前提導出的演繹法則（或其前提和方法）。套用理論或模型後，只要研究對象符合特定條件，應該就能預測現在和未來的走向，而這個預測就是假設。接下來則觀察研究對象，注意該預測是否成眞，以驗證

假設。

近年的社會科學流行起運用遊戲理論的研究，**遊戲理論（game theory）**指的是將國家間的條約談判、企業併購、政治人物與官僚的角力等複雜的人類行為比喻為單純的遊戲，並且進行分析。遊戲的玩家（例如政治人物與官僚）會為了將自身利益最大化，理性選擇行為手段，研究員基於此前提，操作各種遊戲規則，並預測玩家採取的策略，以及隨之而來的後果。此預測就是假設，研究員會比對實際觀察的社會，驗證其是否依照預測變化。

你也可以從經濟學等理論導出假設。一般認為市場上供給和需求的一致會決定價格和交易數量，如果你想探討「為什麼申請不到幼兒園的兒童數量一直居高不下呢」之研究命題，就可以從上述經濟學的供需理論，設定「自由市場中，當幼兒園的學雜費上漲使供給增加，放棄將子女送入幼兒園的家長出現使需求減少，兩者達到平衡，卻因為各式法規限制導致供給過少」之類的假設，然後再比對資料進行驗證。

即使運用這個方法，也不可能光靠自己從零導出假設，還是必須進行文獻研究，學習理論和模型，多方參考文獻回顧的成果。

案例研究

第三個導出假設的方法是案例研究，**案例研究**是指觀察一個或幾個少數案例，包含將觀察結果記錄下來分析的作業。如果觀察案例之後能明白發生了什麼事，大多就能推測出問題的原因。

以前述學習能力低落的研究為例，假如在案例研究時查詢升學考成績低的學年度，發現該學年度跟不上授課進度的學生變多了，接著再調查那些學生，發現他們之中有大部分的人在家裡幾乎沒讀書，而且大部分的家庭有經濟問題，家長沒有時間關心子女的學習狀況，從這些觀察導出「近年經濟情勢惡化導致學習能力低落」之假設。不過，這只是觀察某一個學年度的結果，必須驗證該假設在學校或是自己居住的鄉鎮是否也會成立。

採用此方法時，困難的地方在於沒有背景知識，只靠第一線觀察就將

學習能力低落與經濟狀況連結。每個人都能確認到哪些學生成績不好，但要聯想到其原因出於家庭或是家長的經濟狀況，則需要一點跳躍性思考。研究員需要一些背景知識才能做出聯想，而那些背景知識也可視為假設。如果沒有那些「假設」，即使在第一線進行觀察，也可能沒注意家庭環境就結束觀察。說到這裡，果然還是需要事先進行文獻研究，記住一些假設，然後再進行案例研究。此外，許多只憑文獻研究仍無法明白的事情，往往能透過案例研究釐清。文獻研究與案例研究可謂相輔相成，有助於研究員導出更精煉的假設。

　　採用此方法時，需要注意幾個程序問題。驗證假設時也會使用案例研究，但用於導出假設而觀察的案例不可以再用於驗證。許多人都會不小心犯這個錯誤，請記住使用導出假設的案例來驗證時，理所當然地能使假設成立。實務工作者從過去的經驗導出假設，又以職務上的案例進行驗證時，也要小心別犯了這個錯誤。

　　如果你注意到自己的研究有此問題時，以下提供兩個解決方法。第一個是謹記假設仍然是假設，觀察完案例後只做一個結論──至少在該案例中假設的關係成立。另一個方法是尋找其他案例，或使用統計分析等其他方法驗證。

實務工作者的案例研究

　　實務工作者已經知道實際的案例，能從中導出假設，但案例研究對他們而言仍具有意義。雖然職務上的經驗能提供和案例研究相同甚至更多的資訊，但當自己身處當事人的立場，很難客觀看待自己參與的案例，可能會做出合理化自身立場的解釋。此外，相關資訊也容易偏向當事人的立場，進而出現各式各樣的偏差。為了避免上述情形發生，實務工作者應採用多種方法，案例研究只是其一。

　　以「為什麼能形成公民共同生產呢」之提問為例，通常會建立這樣的提問，多半是因為自己負責的部門未嘗試，或是進行得不順利，所以才需要提出該怎麼做才能順利的建議。在這種職場環境中，也許會對於公民共

同生產抱有畏懼感或偏見，甚至摻雜想擁護自身立場的心情。此時，該考慮的是尋找與自身職務不同的案例。

一般的做法是找出嘗試公民共同生產且進行順利（或失敗）的案例，然後仔細觀察。例如，找出自己的鄉／鎮在（非自己負責的）資源回收部門的案例，或是隔壁鄉鎮的成功案例，注意其順利程度，試著探究原因，觀察其做法與經過。至於觀察方法（詳見第3章），學生可以搜尋新聞報導、閱讀政府資訊或議會會議錄，還有採訪負責人員，實務工作者則可以詢問相同職場的其他職員及同事。即使選了完全沒有頭緒的案例，光是知道公部門的工作方式和組織架構，就能成為調查的一大助力。

假如透過上述方法，我們知道了在資源回收部門有熱心的居民領導者，那就是共同生產業務順利進行的原因。此時就可以比對自身部門的狀況，如果發現居民領導者的重要性，就可以當作相當有希望的假設。

從假設的分類開始思考

以上介紹了三種建立假設的方法，接著再介紹另一個更實際的訣竅。

前一節提過，建立多個假設後，可以彙整起來當作假設群。與此方法相反，你也可以從假設的分類開始思考。常見的假設群總結有推力與拉力，例如公民共同生產的推力是公部門，拉力是居民，前者包含補助金和業務委託等，後者則包含居民領導者和非營利組織等，接著還可以繼續思考除此之外促使居民積極從事共同生產的原因。

另一個常見的總結則是個體因素與環境因素，例如學習能力低落可以分成有關學生本身和家庭的個體因素，以及有關其所處環境的因素，此外或許也可分成學校（個體）和教育環境。而在政策過程論中，經常使用社會經濟因素與政治因素（有時還有組織因素）。社會經濟因素如其字面之意義，包含社會因素（人口、人種、文化、教育、宗教等）與經濟動向；政治因素則包含政治制度、政權、議會的政黨組成、輿論和意識形態等狀況。

只要以這些總結為線索思考，就能整理出涵蓋主要因素的見解。為了

讓自己想出這些總結和其內涵，我們仍必須確實進行文獻研究，藉此累積知識。

3　明示因果關係

目前主要介紹了從經驗、文獻、案例研究導出「愈……就愈……」之假設的方法，那麼接下來只要驗證該假設就能確認因果關係嗎？答案是不一定。以下將介紹確認因果關係的方法，也就是找到原因和結果的方法。

依變項、自變項、相關性

首先，我希望你在進行探究因果關係的研究時，能記住依變項、自變項、相關性這幾個詞。當Y起因於X，則Y（結果）是**依變項（dependent variable）**，X（原因）是**自變項（independent variable）**。**變項**指的是會改變的內容，探究因果關係時，關鍵在於X與Y屬於共同變化的共變關係（詳見第1節）。此外，相對於X（原因）會自己獨立變化，Y（結果）則會隨著X變化而變化。雖然有些研究領域不會將原因—結果視為等同自變項—依變項，不過本書視兩者為相等，無論採用哪一種說明，只要謹慎研擬因果關係的變化，就沒有問題。

依變項又稱為**結果變項**，此外也有人稱自變項為**解釋變項**，依變項為**被解釋變項**，這是因為依變項（被解釋變項）是由自變項（解釋變項）解釋而來。

我們可以用這兩個詞來代換研究命題與假設，例如「為什麼我居住的鄉／鎮犯罪特別多呢」之研究命題中，可以將「容易發生犯罪」視為依變項，在建立假設時，必須尋找能說明此依變項的自變項。假如你想出了「一個地區都市化程度愈高，就愈容易發生犯罪」之假設，那麼都市化程度就能列入自變項的候選名單。關於治安的問題，我收錄在卷末的案例演習3裡，歡迎參考。

第1章曾提過，找他人商量研究計畫時，可能會被問「你的研究命題是什麼」。研究命題之外，也可能被問「你這份研究的依變項是什麼」。

如同前述，當你的研究是探討因果關係時，這個問題就如同詢問「你的研究命題是什麼」一樣。此外，一般也認為，依變項的選擇是研究成功與否的重要因素。一旦決定研究命題，也會連帶決定依變項，因此研究命題相當重要。

另一方面，也有聚焦於自變項的研究命題，例如「選舉制度改革為日本政治帶來了什麼樣的變化」、《分權改革改變了都市行政機構嗎？》（村松歧夫、稻繼裕昭，日本都市中心編，第一法規出版，2009年）等研究。此類研究中只有一個自變項，並且存在多個未知的依變項，只要透過確認現況型的研究縮小依變項的可能範圍，就能應用本書的方法。

接著介紹**相關性**，意思是當一個變項變大，另一個變項也會隨之變大的關係。其中一個變項變大時，如果另一個變項會變小，那也是（負的）相關性。以「居民之中的領導者愈熱心，公民共同生產風氣就愈熱絡」為例，該假設的意義為「隨著居民領導者的熱心程度所代表的X變項變大，共同生產風氣的熱絡程度所代表的Y變項就會變大」。

將上述例子繪製成圖表，就是圖2-1的關係（此圖為虛構），這只是簡單繪製的示意圖，社會科學研究中並不常見如此明確的關係。而負的相關性在圖表上則為往右遞減的斜線。此外，在「居民之中有熱心的領導者時，就會形成公民共同生產」之關係中，呈現「如果有X，就會有Y（或沒有Y）」的關係，形成變項之中只存在「有」或「無」的特殊相關性。

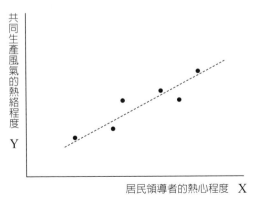

共同生產風氣的熱絡程度 Y

居民領導者的熱心程度 X

圖表2-1　相關性的例子

確認原因先發生

　　儘管確認了變項X與變項Y的相關性，爲什麼X不一定是原因，Y不一定是結果呢？這是因爲原因和結果可能相反，甚至可能存在其他變項影響X和Y。因此，「愈…（X）…就愈…（Y）…」之假設只能表達X與Y之間存在相關性。但是，既然研究命題和因果關係有關，那最終一定要確認X爲自變項（原因），Y爲依變項（結果）。例如「居民之中的領導者愈熱心，公民共同生產風氣就愈熱絡」之假設僅表達居民領導者的熱心程度與公民共同生產風氣的熱絡程度有相關性，但「前者爲自變項，後者爲依變項」才是內心的最終目的。

　　假如驗證「愈…（X）…就愈…（Y）…」之假設後，明白了兩個變項之間存在相關性，那麼又該釐清哪些事才能主張X爲原因，Y爲結果呢？答案是必須先確認X比Y早發生。

　　以「父母的身高愈高，子女的身高就有愈高的傾向」之假設爲例，由於子女無法生出父母，因此不可能有相反的因果關係，即子女的身高不可能是原因。相對而言，「鄉／鎮政府的補助金額愈多，公民共同生產風氣就愈熱絡」之假設中，無法明顯看出何者爲原因。雖然該假設預設鄉／鎮政府的補助金爲原因，促進自治會或非營利組織之活動，因此使公民共同生產風氣熱絡，但也有可能存在相反的因果關係，例如公民共同生產風氣熱絡，製造公所與居民的接觸機會，促使鄉／鎮政府回應居民需求，因此使補助金額增加。此外，除了其中一方爲原因，另一方爲結果外，也有可能雙方同時是原因和結果，互相產生加乘作用。在居民領導者之假設中，也可能因爲共同生產業務增加而培育出領導者。

　　當兩個現象在邏輯上都能成爲原因時，就必須確認先發生的現象被視爲原因。在上述例子中，我們必須確認補助早於公民共同生產風氣變熱絡之前。此確認作業最終將於驗證階段進行，在假設階段時，只要預設原因先發生就好。

找出路徑：媒介變項與箭頭圖

除了確認先後關係，主張因果關係時還必須**找出路徑**，找出路徑指的是揭示原因X如何引發結果Y。在親子身高的例子中，或許只要知道親子之間的身高有相關性，就足夠斷定父母的身高是原因，但高個子父母的家庭大多食量較大，也有可能是因為這個因素而使子女身高較高，還有「牛奶喝得多就能長高」的說法也未必是無稽之談。所以，要確認假設正確，就必須調查三餐份量、內容與身高的關係。然而，長高本就需要吃下不少份量的食物，要否定「吃」的原因可不容易。換個路徑來思考，可以從遺傳基因下手，假如能透過基因分析了解決定身高的基因機制，解釋父母如何遺傳給子女，那麼就能更加理解該因果關係。

而在公民共同生產的例子中，可以預設在有了鄉／鎮政府的補助後，運用補助的公民活動（僅居民參與的活動）變多，培育出熱心的居民領導者，負責業務的非營利組織也變多，使公民共同生產（公部門與居民共同進行的業務或活動）風氣變熱絡（此為虛構案例）。如果在驗證階段確定路徑，就能提高「補助為原因，公民共同生產為結果」的假設可信度。

圖表2-2是表示上述預設關係的圖，這種以箭頭標示變項或變項內容的圖稱為**箭頭圖（arrow diagram）**。如果將鄉／鎮政府補助金額視為自變項，公民共同生產風氣的熱絡程度定位為依變項，則公民活動的數量、居民領導者的成長程度和非營利組織的數量就扮演該兩者之間的輔助角色，稱為**媒介變項（parameter variable）**。如果此預設真的反映了現實的情況，就能確認這些媒介變項也與自變項或依變項相關。換言之，「非營利組織愈多，公民共同生產風氣就愈熱絡」或「居民之中的領導者愈熱心，公民共同生產風氣就愈熱絡」之類的假設，是從圖表2-2擷取部分而來。當你針對關注的依變項想到了多個假設時，請仔細思考它們之間的關係，並以箭頭圖表示看看。只要能藉此整理出因果關係的路徑，邊注意變項間的關係邊設定假設，就能接近問題的本質。

自變項　　　媒介變項　　　　媒介變項　　　　　　　依變項
（補助金額）（公民活動的數量）（居民領導者的成長程度）（公民共同生產風氣的熱絡程度）
　　　　　　　　　　　　（非營利組織的數量）

圖表2-2　公民共同生產之相關因果關係的箭頭圖

　　那麼，將先前反覆提到的學習能力低落之例子畫成箭頭圖，會是什麼樣子呢？圖表2-3如何（這是虛構案例）？它描繪的是本章開頭的「學習能力低落起因於經濟狀況惡化」之假設所設想的路徑，其中一條路徑是經濟狀況惡化導致父母所得變少，因此減少補習班等教育支出，造成學習能力低落；另一條路徑是所得變少促使父母從事副業或雙方都出去工作以彌補收入，因此無法顧及子女，造成子女在家中的學習時間變少，學習能力低落。邏輯上不太可能出現相反的路徑，但也有可能因為學習能力低落而對讀書失去興趣，愈來愈無法在家中讀書。此外，寬鬆教育和電玩遊戲普及而影響學習能力，也是可預想的狀況。

　　箭頭圖與研究命題密切相關，將箭頭圖反向從結果往原因分析，就等同於細分A型命題，同時深入提問。以圖表2-2為例，就是從「為什麼公民共同生產風氣變熱絡了呢」之提問開始，建立「因為培育了居民領導者」、「因為非營利組織變多了」等假設，接著再提問「為什麼培育出居

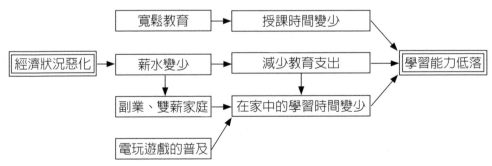

圖表2-3　學習能力低落與經濟狀況惡化之關係的箭頭圖

民領導者呢」，假設「因爲公民活動變興盛了」，然後再提問「爲什麼公民活動變興盛了呢」，假設「因爲鄉／鎭政府自1970年代起策定補助項目給予支援」……雖然剛開始研究時未必能建立這些提問，但隨著思考假設、開始研究後，就能逐漸想出來。

排除表象的相關性

在兩個變項之中，有時候會發現X與Y的直接相關性薄弱，卻因爲其他的變項Z同時作用在X與Y上，導致X與Y之間乍看之下有很強的相關性，此稱爲**虛假關係**（**spurious relationship**）或**僞關係**。此種情況下，雖然能從統計分析看出X與Y之間的相關性，但這只是表象，兩者之間並非直接相關，並非Y起因於X。換言之，爲了找出因果關係，我們必須從符合相關性的變項組合中，排除虛假關係。

第1章介紹的《使民主運轉起來：現代義大利的公民傳統》就採取了這個步驟。由於經濟發展與政府活動乍看之下具有很強的相關性，過去學界認爲經濟發展決定了政府活動的水準（原因所在），此看法成了通論。然而，普特南描繪了如圖表2-4般的箭頭圖，主張由於過去豐厚的社會資本（公民參與）和現在的經濟活動水準（社會經濟發展），一同決定現在的州政府活躍程度與能力，因此雖然經濟發展和政府活動看似相關，其實兩者之間的相關性僅爲表象。然後，他使用了嚴密的統計方法，驗證了該假設。

要確認所觀察的兩個現象（變項）之間的關係是否爲表象，就必須控制其他變項之影響，檢視兩者是否仍維持相關性。爲此，我們需使用統計方法（第4章將簡單介紹）。在建立假設的階段仔細思考因果關係，則是重要的準備作業。

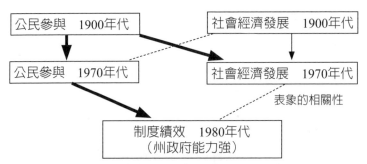

圖表2-4　社會資本、經濟活動與政府績效的關係

資料來源：修改部分羅伯特·普特南《使民主運轉起來：現代義大利的公民傳統》
　　　（河田潤一譯，NTT出版，2001年）192頁的圖。

4　關鍵概念的定義與操作

在目前為止的說明裡，即使研究命題或假設中存在定義模糊的詞彙，也可先忽略不管。例如在「當居民之中有熱心的領導者，公民共同生產風氣就會熱絡」之假設中，「公民共同生產」、「熱絡」、「熱心」都是定義模糊的詞。既然研究的焦點是公民共同生產，那就必須明確定義它才行，不然討論可能會在原地打轉。此外，如果表達程度的詞彙定義模糊不清，那就無法釐清需驗證的對象。

「公民共同生產」究竟是什麼意思呢？「熱絡」、「熱心」又是什麼樣的狀態呢？如果這些詞彙的定義模糊，比方說公民共同生產的定義中混入「居民領導者與公部門密切往來」，而「熱心」代表與公部門往來的程度，那麼假設的意義就會變成「當居民之中有熱心（與公部門往來）的領導者，居民領導者就會與公部門密切往來」這種重複的內容。儘管上述例子極端，但這類假設經常出現在研究生的研究之中。要建立假設並進入驗證階段，就必須定義假設所使用的詞彙，極力排除定義模糊的內容。

什麼是關鍵概念？

　　構成假設與理論的重要要素稱爲**關鍵概念（key concept）**，也有人稱爲**構念（construst）**。構成假設的概念之所以受到重視，是因爲假設是研究命題的答案，也是研究的焦點。在政策研究中，第一個構成假設的重要要素是依變項和自變項，此兩者爲關鍵概念。以普特南的研究爲例，政府活動績效爲依變項，社會資本爲自變項，兩者都是重要的關鍵概念，其定義和測量就各占了一章的篇幅。

　　有時候依變項和自變項的其中之一（或兩者都是）已在文獻回顧中經過充分解析，擁有清楚的定義，可以直接使用。在這種情況下，變項間的關聯方式更爲受到重視，或許加上名稱就會成爲關鍵概念。

　　話說回來，**概念（concept）**又是什麼呢？根據高根正昭《創造的方法學》（講談社現代新書，1979年）中的描述，概念是我們經驗的濃縮，是認識與理解現實世界的線索。概念就像是捕捉現實的「標誌」，我們透過概念來認識現實。

　　與概念相近的詞是**類別（category）**，有些方法論教科書主張設定合適的類別對研究很重要。類別指的是將擁有相同特徵的事物分到同一個種類下，可以說是著眼於一定的特徵，並將群體分類。如果以設立型態分類日本的大學，則可以設定國立大學、公立大學、私立大學等類別，而大學生也可以分成男性和女性等類別。

　　依變項和自變項的內容除了數值以外，也可以是類別。舉例而言，多數以個人爲對象的研究中，會設定「性別」這個變項，內容有「男性」和「女性」。而「大學」這個變項則可以設定「國立大學」、「公立大學」、「私立大學」等類別。由於類別的設定應涵蓋所有內容，上述三個類別可能會遺漏某些大學，應再加上「其他」才行。此外，作爲變項的「大學」和作爲類別的「國立大學」都是概念的一種。

　　只要確實設定好概念，就能成爲描述問題本質的架構。藉由設定符合邏輯的概念（分析概念），並且透過概念來觀察，即使是難以親眼確認的事物，也會變得可以理解。例如格雷厄姆・艾利森（Graham Allison）

在其政策過程論的名著《決定的本質：解釋古巴飛彈危機》（宮里政玄譯，中央公論社，1977年）中，設定了三個政策決定模式，透過這些**概念透鏡（concept lenses）**觀察，將政策決定過程以更好理解的樣貌呈現。

　　舉一個日本研究的例子，第6節介紹的「分離、融合」概念被提出來當作描述地方制度特質的架構，可以說是行政研究中最被廣泛接受的概念。此外，前面已介紹過我探究「為什麼地方政府能領先中央政府規劃出新政策呢」之研究命題，為了描述該類地方政府的行為原理，我設定了**互相參考**之概念。「行為原理」並不是容易觀察的事物，「互相參考」只不過是符合邏輯設定的假設，但透過對地方政府職員進行問卷調查，我（間接地）確認到地方政府之間活絡地交換資訊，並且促進政策落實。

　　這類重要的關鍵概念必須定義明快嚴謹，不能讓任何人出現異議。假如已有類似概念被提出，就必須明確說明兩者有何不同，以及建立新概念的意義何在。如此一來，要提出新概念就應先全面搜尋文獻回顧，經過充分思考後再提出。為了論證新概念，有時甚至就占了一份論文的篇幅。有些學生會在論文中接二連三地創造新概念，但那種論文幾乎無法將自身的意圖傳達給讀者，也無法被認為有意義。

詞彙的定義：公民共同生產的例子

　　前面強調了關鍵概念的重要性，但在政策研究中，比起在學術上做出貢獻、提出新概念，更重要的是解決問題。請各位先將注意力放在使用平易近人的詞彙，來明確表達變項之間的關係。只要找到能精準描述該關係的詞彙，那或許就會成為應提出的新概念，甚至是顯示研究特色的關鍵概念。此外，當你找到至今無人關注過的變項，替其加上名稱，那或許也能提出作為新概念。不過，請把它想成是跟著研究結果出現的概念。

　　首先，請將注意力放在用於假設的詞彙，尤其要明確定義依變項和自變項，不能標新立異。我繼續以公民共同生產為例，公民共同生產和夥伴關係等概念，都是為了描述居民和地方政府的理想關係而被提出的詞。這些詞現在被先進的地方政府自然地使用，或許你認為不需要特別的說明，

大家都能理解。然而，這些詞包含了多種不同的要素，你所認為的公民共同生產，可能與我認為的不同。如果要為它加上多數評論者都同意的定義，就必須考量其背後的各種理論、主張，以及國內外的實際案例，那是相當辛苦的作業，得先閱讀大量文獻然後再定義才行。本書主要讀者是大學生和實務工作者，並不需要做到那個地步，不過還是應該具體描述什麼是公民共同生產，並且以自己的方式明確表述其義。

那麼，將公民共同生產定義為「居民與一個以上的地方政府局處共同執行業務」，意思就變得相當具體了。但是，「居民」指的是哪些人呢？包含外國籍居民嗎？包含不居住在當地但會通勤至當地上班或讀書的人嗎？還有企業和商店呢？同理，「業務」指的是什麼呢？僅限公部門撥出預算的業務嗎？還是說也包含由居民建立的業務呢？如果包含的話，那任何業務都可以嗎？此外，所謂「共同」必須有多少參與度呢？針對公部門的部分，假設包含人力支援，那補助金等金錢上的支援又怎麼看呢？提供資訊和場地的話呢？另一方面，針對居民的部分，只要在執行階段幫忙就可以嗎？還是從策劃階段就開始參加？志工算不算？假設被公部門雇用的人不算「共同生產」，那收取少許公部門發放的報酬可以嗎？歧異多到數不清，重點是盡可能在保持概念一致性的範圍內明確定義。此外，雖然定義是在邏輯上依據字面來解釋，但最好要同時考慮接下來的驗證階段中應如何觀察與測量，此部分牽涉到下述操作化作業。

操作化

那麼，公民共同生產「風氣熱絡」指的又是什麼樣的狀態呢？該透過觀察到什麼現象來確認呢？無論定義多具體，那終究只是字面上的定義。研究的進展有賴於觀察對象，並且在必要時進行測量，為此必須事先決定該觀察什麼、該測量什麼。

像這樣即使定義了之後依然抽象的概念，置換成容易觀察的對象或容易測量的行為、狀態，就稱為**操作化**，也就是讓預設為假設的依變項和自變項能具體觀察和測量的作業。此外，在進行研究時容易觀察的具體化定

義稱爲**操作定義**或**操作型定義**（operational definition），而使用操作化概念記述的假設則稱爲**工作假設**（working hypothesis）。各位不需要死背這些用語，不過了解這些用語後，將更容易掌握自己現在做的事，並且傳達給論文的讀者和研究夥伴。

　　接下來，我們先把「公民共同生產」定義爲「居民與公部門共同執行業務」，例如從事圖書館志工、社區巡邏防盜活動等，再將這些行爲風氣熱絡的定義操作化爲共同生產業務在一定數量以上（例如十件），數量愈多就代表愈熱絡。有了上述操作定義，可以想到應觀察共同生產業務的數量，並且依據該數量衡量公民共同生產風氣是否熱絡。然而，或許有人會認爲，儘管共同生產業務數量不多，但少數業務有多數居民參與，這樣難道不算風氣熱絡嗎？既然如此，那就計算參加共同生產業務的居民人次吧。如果用更嚴謹的態度來看，還可以採用統計每個人花多少時間參與業務的方法。

　　以上是以數字（量化資料）衡量的方法，如果想知道無法以數字表達的狀態，例如居民在重要的決定上參與了多少程度，那就可以使用文字記述（質化資料）。但是，直接使用記述資料進行分析來導出結論，可能容易陷入恣意判斷，有鑑於此，也可以對變項設定「高、中、低」之類別，將質化的觀察結果分類。

　　將觀察結果分類至各類別時，研究員和研究助理會根據事前訂定的標準，進行訪談調查和實地觀察。另一方面，在問卷調查中則會詢問回答者的主觀想法和印象，例如「○○鄉／鎮的共民共同生產風氣熱絡嗎？」，答案選項有「熱絡」、「普通」、「不熱絡」，這種問題則是將分類作業交給回答者。

　　或許有人會質疑，如果共同生產業務數量多，但審議會委員公開招募卻招不太到人，或者居民自發性活動少，那這樣還算是公民共同生產風氣熱絡嗎？這種批評看法認爲，不應只從共同生產業務的執行面來判斷公民共同生產狀況，也有必要從不同角度切入。要回應這類批評，就必須重新檢討定義，修改爲全面性的定義，操作化變項也應設定多個項目，納入共

同生產業務的數量、委員公開招募的報名人數、公開招募委員在審議會委員中的占比等。如此設定之各項目的測量結果不僅可個別採用，也能整合成一個指標（後述）。有關整合的代表案例，請看下一節介紹的社會資本相關研究。

5 指標

什麼是指標？

將研究的關鍵概念進行操作化，使其可以觀察或測量的內容稱爲**指標**。多數時候，指標會以數值資料的形式呈現，代表依變項或自變項的內容（數值）。前述共同生產業務的數量、參與業務的居民人數、總時長等項目，都是代表居民和公部門的共同生產業務風氣有多熱絡的指標。因爲我們認爲公民共同生產的核心是居民和公部門共同進行業務，所以主張衡量該業務數量的項目，就是能代表公民共同生產風氣熱絡程度的指標。但是，讀者是否接受該主張，則取決於定義之具體化和操作化具有多少邏輯上的說服力。如同前一節所述，我們可以設定各式各樣的指標，重點在於從中選出最能適當反映概念特質的指標。

第1章介紹之普特南的研究中，州政府的能力程度是依變項，社會資本的雄厚程度是自變項，普特南針對依變項和自變項都設定了指標。前者爲州政府的業績指標，代表各州政府回應居民要求並且有效率地工作的程度。爲了掌握業務廣泛的州政府之特徵，他將內閣穩定度、預算成立速度、法律先進程度、托兒所和診所配置、窗口應對良好度（測量窗口回答問題的速度）等十二個項目的調查結果數值化並整合，以該數據建立了指標。用於整合的方法是名爲主成分分析的統計方法，各位可以想成是量化相加的統計方法。另一方面，針對社會資本，普特南測量足球俱樂部和合唱團等自發性結社的數量、地方報紙購買數量、公民的政治參與度等，整合製作成一個指標。

將社會資本這種抽象概念具體化，測量各地區的社會資本雄厚程度，

依照結果爲各地區排序，這是相當有趣的研究，因此當時除了引起議論，也有類似的研究在世界各地進行。曾有人針對日本內閣府等機關進行調查，根據日本的實情設定了調查項目，而非完全使用義大利的調查項目。當時製作了調查問卷，詢問關於志工活動和非營利組織的參與度、與鄰居的往來程度、對於他人的信任等問題，將調查結果整合製作成一貫的標準，這種標準就稱爲指標。

指標的製作方法

要用什麼樣的數據當作指標呢？這是個困難的問題。如果能如社會資本的研究般，建立研究計畫後配合假設親自蒐集數據，那就能成爲強大武器。因爲那是將研究的關鍵概念操作化，並且配合客製的數據，而且有高機率精準代表關鍵概念。製作指標本身對於學術界就是一大貢獻，不過自費蒐集數據需要資金和時間，以及技術和經驗。能領取研究費的研究生和能獲得組織支援的實務工作者可以嘗試，但一般人可沒辦法，所以必須運用既有的數據。

在公民共同生產的例子中，各位可以試著製作居民參與意願和需求、公部門態度等指標。關於公民參與的現況，公部門的紀錄中應該有主辦活動的居民參與人次資料，適合用來製作相關指標。至於居民的需求，雖然要花費心力，但應該有觀察和測量的方法，請先找找看有沒有市政問卷、輿論調查等既有調查可用，如果能從中了解多數居民需求的政策，那就可以用來當作指標。然而，既有的調查中不一定有完全符合的項目。此時，請找找看國勢調查或產業調查等由中央或地方政府統計和公布的資料中，是否有能作爲指標的內容，詳細方法將於第3章說明。要選擇什麼樣的數據，取決於各位的思考依據，重要的是須注意採用的數據是否眞能成爲代表該變項或概念的指標。尤其在使用既有數據時，請別忘了那終究只是替代的數據。

繼續以公民共同生產爲例，如果對於「公部門爲促進居民參與做了多少努力」有興趣，請客觀換成可測量的項目，而非主觀評價有無努力。例

如共同業務提案數量、編列了多少相關預算、負責部門的配置人員數，這些都能成為「努力」的指標。

6 確認現況型的研究方法

目前為止介紹的建立假設、整理變項間的關係、定義概念等作業，都必須先充分了解研究對象的現況，才能順利進行。因此，這一節要介紹的是如何使用確認現況型的研究觀察結果。

第1章第6節介紹了確認現況型的研究如何建立命題，建立了命題之後，必須建立對應的假設。對於確認現況型的命題當然也有暫定解答和預測，這些都能作為假設使用。但是，在實際進行研究前，通常會逐步調查現況，藉此找到提問的答案，因此多數時候不會進入建立假設和驗證階段。

在確認現況型的研究中，回答研究命題的方法有記述和分類，和建立假設一樣，進行這些作業也有注意事項，以下依序說明。

記述與概念的定義、設定

記述指的是用文字呈現觀察結果，也有人會用數值、資料或圖表來表達，請見第4章的說明。確認現況型的研究觀察對象為社會問題和政策，記述時的重點會放在描述問題特徵等。

在進行記述時，首先考慮的是使用既有概念，此時的重點在於本章所介紹的定義明確化和操作化，例如年輕人就業困難的問題中，「就業」是既有概念，但仍必須明確表達這個詞所指的狀態。是僅指正職工作嗎？那實習生算嗎？地方政府因應緊急雇用對策而提供的臨時性職缺呢？很早就放棄找工作的學生又該怎麼定位呢？如果不定義清楚，就會無法決定該觀察什麼以及該怎麼觀察，更不用說如何評價觀察結果了，根本無法判斷年輕人是否真的就業困難。

前面已說過，為了定義明確，必須精讀文獻回顧，學習文獻和統計

調查中如何定義既有概念，並且對照其觀察結果，確認該結果是否與文獻中的概念定義相符。這些作業應同時進行，而設定指標也能有效幫助掌握現況，並與其他地區或過去的狀況相比較。要判斷就業困難的現況「嚴峻」，那就需要依照某個標準來評估，或是與其他案例做比較，而設定客觀的指標將會有所幫助。

如果使用既有概念後，覺得現況記述得不充分，那就著手建立新的概念吧。本書多次用來舉例的「公民共同生產」就是比較新的概念，這個概念描述了居民與公部門之間的新關係，有助於指示未來的政策方向。「社會資本」也是過去未曾受到關注的地區特性，可以說是為了描述創新價值而建立的概念。

無論既有或新建立，之所以需要適當的概念來記述現況，是因為直接記述瑣碎而複雜的社會現象無法幫助理解，例如在嘗試理解年輕人的失業問題時，如果將每個年輕求職者的特徵記下來，就等於只是傳達現實世界的資訊量，而且那些資訊量超出人類的資訊處理能力。因此，我們需要精準表達記述問題之特徵的概念，而那些概念的名稱和定義必須適當反映出我們想描述的特徵，不能太多也不能太少。

分類與類型

要從多個觀察結果中找到特徵，就必須進行分類，**分類**指的是將擁有相同特徵的事物分在同一組。針對就業困難的問題，依照畢業後就沒有工作、未進行求職活動、就業後遭解雇等類別，將無業的年輕人分類，就是一種捕捉特徵並記述的方法。

在確認現況型的研究中，通常會事先建立少數**類型（type）**，再將觀察結果套用進去，以加快分類作業的速度。接著將該類型用於記述，大量節省資訊量。本書將研究分為確認現況、探討原因、建議政策三類，也是一種運用類型的記述。類型與探究原因型的研究使用的類別相似，不過類型不一定涵蓋所有現象。

此外，類型也可能不直接反映分類對象的現況或平均值。根據馬

克斯・韋伯（Max Weber）的說法，也可以建立強調特徵的架空類型，再檢視其與現實觀察的乖離程度，藉此進行分析，此種類型稱為**理想型**（**idealtypus**）。韋伯認為，分析歷史事件時，從決策者擁有的知識和判斷材料來看，當他們做出理性決定後應該會產生（但現實中並未發生）的行為，經過歷史學家假想推論後訂定為理想型，將理想型與現實發生的行為相比較，就能釐清該行為發生的原因。第4章將介紹關於比較的知識，比較時預想的理性行為就是一種理想型。

　　以上為確認現狀型的方法，也是探究原因型的方法。此外，我們還可以將適用相同因果關係的現象整合為一個類型，這是探究原因型的方法。

　　社會科學經常用來建立類型的方法為搭配縱軸及橫軸，建立四個類型。例如西奧多・羅威（Theodore Lowi）的政策性質分類，就是政治學中著名的類型。如圖表2-5所示，他以強制力適用於「個人行為」或「行為環境」，以及可強制性為間接或直接，將政策分類為四個類型。強制力適用於個人行為，且為直接強制（容易執行強制力）的政策為管制性政策；未強制執行且僅為間接性的政策，稱為分配性政策。此外，羅威不僅分類，還主張這些類型各有其政策過程模型，為後來的政策類型論發展貢獻良多。

圖表2-5　羅威的政策類型

		強制力之適用	
		個人行為	行為環境
可強制性	間接	分配性	全體性
	直接	管制性	再分配性

資料來源：Lowi, Theodore J. 1972. "Four Systems of Policy, Politics, and Choice." Public *Administration Review* 32: 298-310, p. 300的表格。

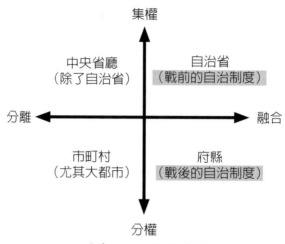

圖表2-6　天川模型

資料來源：修改自村松岐夫《地方自治》（東京大學出版會，1988年）177頁的圖
　　　　　（根據天川晃〈變革的構想：道州制議論的脈絡〉（大森彌、佐藤誠三郎
　　　　　編《日本的地方政府》東京大學出版會，1986年）。

　　而在日本的公共行政學，著名的分類爲天川晃提出的地方制度分類。
過去一般將地方制度分類爲集權和分權兩種，天川則將之與分離、融合搭
配，提出如圖表2-6的四個類型。集權／分權的軸顯示了地方政府遵從居
民意思決策的程度，而分離／融合的軸則指中央政府事務由誰掌管，分離
是指中央政府事務由中央政府單獨設置轄下機關執行，融合則是由地方政
府掌管中央政府事務。運用這些分類來討論，可以了解日本的地方制度變
化，第二次世界大戰以前的地方制度爲集權融合型，戰後經過改革重組爲
分權融合型（圖上的灰底部分）。此外也可運用於了解自治省和府縣等行
政主體的傾向，自治省傾向集權融合，市町村（尤其大都市）傾向分權分
離。天川模型加入分離／融合的軸，注入了新意，將「融合型地方制度」
這類軸本身當作分析概念，成功占有一席之地，甚至帶動後進模仿其研
究，嘗試加入各式各樣的軸。

　　類型更勝於單純的記述，有濃縮資訊、幫助理解複雜社會現象的作
用。雖然天川模型並未替各類型賦予名稱，但經常有研究員爲各類型賦予

名稱，當作分析概念。**分析概念**可以說是用來理解現況的分析工具或框架，即使透過觀察獲得的資訊有限，也能藉由概念推論，理解為更廣泛的事實或全貌，也包含未觀察到的部分，羅威的政策類型論就屬於此例。

此外，如果帶有規則地建立類型，讀者就能透過建立類型時的規則來了解多種觀察結果。雖然天川模型提出時是用來理解日本的地方制度變遷和地方制度改革相關主體的傾向，但後來其適用範圍被擴大用於其他國家的地方制度研究，例如英國等盎格魯撒克遜國家為分權分離型，過去的法國等陸地型國家則採用集權融合型。雖然日本被認為是集權型，但因為採用融合型，增加地方政府的活動量，增強了來自中央政府的自律性（詳見村松岐夫《地方自治》（東京大學出版會，1988年））。

使用兩條軸建立類型時，必須組合不同層次的軸。如果各位模仿圖表2-5、2-6建立四個類型，卻只能填入第1象限和第3象限（或第2象限和第4象限），就有可能是因為兩條軸非屬不同層次。以圖表2-6為例，假如集權型地方制度下的中央政府一定會以融合方式執行業務，分權型地方制度下必然以分離方式執行業務（但我不認為事實如此），那麼只要理解融合型（分離型）是集權型（分權型）的衍生屬性之一就夠了，沒有必要特別作為兩條軸來分析。

7 小結：建立假設時的注意事項

以上詳細介紹了假設的重要性和其建立方法，不過各位不需要全部理解，也不用嚴格遵守進行研究，當你在建立研究命題的同時想出各種假設，只要確認該假設是否在常識之下具有說服力，就能**繼續進行研究**。此外，如果你一直無法建立「愈……」之形式的假設，那就請你以自己的表達方式做出命題的暫定解答，並且把該暫定解答當作假設。

建立好的假設仍然可以事後修改，進入驗證階段並仔細觀察研究對象後，發現目前的假設無法成立或需要修改，也是常有的事。這種時候，請隨時進行必要修改。第4章和第5章也會介紹，很少人一開始就做出可以

說服人的假設。針對新問題的研究，或是焦點偏重於確認現況的研究，也可能會在整合資料和觀察結果，同時持續精煉假設後，直到研究最終階段才終於做出可以說服人的假設。愈是費盡心力完成的假設，就愈有可能包含推翻定論的新發現。

有些人會將研究論文的撰寫方式比喻為推理小說，推理小說有兩種寫法，一種是一開始就把兇手告訴讀者，並讓讀者看偵探使用什麼樣的推理方式找到兇手，另一種是各項線索散落在不同地方，最後才揭曉誰是兇手。驗證假設型的研究方法，以及將該流程寫進論文的方法（詳見第5章），是以假設的形式事先揭示結論，與前者的推理小說寫法相近。但如同前述，研究本身之進行並不限於該流程。

以犯罪搜查建立假設（這也是借用寫推理小說的知識），也就是先找出兇手樣貌再找出符合條件者，一般認為有可能抓錯兇手，因此是錯誤的方法。另一方面，在學術研究中，普遍推崇驗證假設型的作法。也有專家的教條是如果沒有假設和其理論基礎，就不能到第一線蒐集證據，因為沒有假設就沒有線索，無法決定觀察對象和蒐集證據的方法。但其實犯罪搜查會觀察現場，找出犯罪地點和時間，並且從做案手法鎖定動機，縮小嫌疑人範圍，這應該也可以算是在建立假設。這種方法會遭到否定，大概是因為要是疏於檢查所有的可能性，漏掉了重要的線索，那就極有可能誤認真兇，甚至造成冤案。進行政策研究也是一樣，熟悉研究方法，真正開始研究後，講求的是檢查所有可能性，從中選出最有可信度的內容，並且建立假設，如果觀察到新的事實，就必須誠實面對該線索，然後修正假設。

第 3 章

蒐集資料和數據

文獻研究的方法論

　　前面依照政策研究的步驟，介紹了兩項作業：（1）建立研究命題以及（2）建立假設。我在此兩項步驟中，都說過透過文獻回顧所獲得的知識將成為武器。此外，建立假設後，針對組成假設的關鍵概念和變項進行操作化時，有必要取得能成為代表指標的數據，這一點也介紹過了。那麼，我們該如何取得記載文獻的書籍和論文，以及可作為指標的統計資料呢？取得資料後又該如何運用呢？

　　或許有許多人認為不需要特別說明，書籍和論文在書店或圖書館可以取得，取得之後閱讀即可，至於資料方面在網路上則有公開資料。雖然此話不錯，但要找到目標文獻或資料，可不是件容易之事。各圖書館也有不同的擅長領域，無論大學圖書館或地方圖書館，都未必有齊全的資料，來回奔走也相當費時。但只要知道一點訣竅，就能大幅提升文獻調查和資料蒐集效率。

　　本章將介紹取得文獻和資料的方法，請先從調查文獻、取得目標資料開始，我將此作業稱為**文獻研究**。

1　文獻研究的意義

文獻研究：對學生的意義

　　研究生撰寫論文之前，必須進行名為**文獻回顧討論**或**文獻探討**（literature review）的作業，主要目的在於針對自己的研究命題，確認

前人解析到什麼程度，自己還剩多少能開拓的部分。由於此作業要尋找既有研究的論點，有必要以系統化全面性地進行，雖然相當花時間，但爲了建立有意義的研究命題，也爲了建立有希望的假設，這是不可或缺的步驟。

不過，本書所介紹的政策研究，並非爭取功績的手段，因此各位不需要以系統化進行，只要取得和研究題目有關的資訊即可。各位可以只閱讀從研究命題和假設想到的知識，取得能定義和操作化關鍵概念的材料，之後就先結束文獻探討，進入下一個步驟。

如果閱讀了大量的文獻，發現了研究命題的解答，那該怎麼辦？如果你是撰寫博士論文的研究生，那你應該要尋找新的研究命題吧。如果你是大學生，我認爲你把該結果加上自己的見解，整理成專題論文或報告就可以了。以大學生而言，需要一定的努力才能透過閱讀書籍和論文找到答案，因此值得獲得高分。

我會稱之爲文獻研究，就是認爲即使是這種沒有假設與驗證的研究，我也會視其爲一個獨立研究來評價。換言之，我會認可「我建立了研究命題，進行文獻研究後找到解答」的報告是了不起的成果。

學生會因爲自身努力的多寡（以論文和書籍的閱讀量之指標來呈現）和文獻回顧的程度（呈現於專題論文等內容）受到肯定，但這並不代表學生只要節錄幾篇論文或書籍的內容，就可以輕鬆完成畢業論文。閱讀他人的研究報告或著作，判斷包含新發現在內的假設經過適當驗證，而且沒有懷疑的餘地，這件事並不容易。除了必須理解本書介紹的內容，還需要閱讀和比較多篇研究論文。各位自己親自做做看，就會知道只做文獻研究也不簡單。專業的研究員也會整理文獻回顧的結果，並且發表成論文（通常都會加上自身的考察），這種論文稱爲**文獻綜述（review article）**，也視爲個人論文。

此外，有時不只用文獻回顧導出假設，也會運用文獻研究所得材料進行驗證作業，這應該要當作是全新的研究，而且也可以適用本書介紹的方法論。順道一提，從既有研究論文或著作取得的資料和數據稱爲**二手資料**

（secondary source），以此區別來自訪談、政府資料等直接來源的**一手資料**（primary source）。在歷史學研究等著重發現事實的研究領域，有時候會強調一手資料的價值，但我個人認為二手資料的分析也會產生新發現，因此具有同等價值。

實務上的意義

對中央政府和地方政府實務而言，文獻研究本身具有其意義，進行文獻研究可以將學術界的研究成果應用於實務上。

各位實務工作者在職務上有疑問時，是不是只會看守則、問前輩或長官，卻很少自己查文獻來解決疑問呢？畢竟工作繁忙，那也是不得已的狀態，但如果有時間的話，各位會做嗎？就我自己的經驗來看，我除了主管命令我調查的內容外，幾乎不會做文獻研究。仔細思考之後，我發現原因出在我不知道從何查起，或是沒有相關經驗。我本身畢業於法學院，不需要寫畢業論文，因此缺乏為了解開疑問而到圖書館尋找文獻的經驗，也不曾有人教我方法。我想多數實務工作者應該也是相同情況吧？

在第一線負責解決地方問題的職員重新檢視疑問，透過文獻找答案，光進行這些作業就能改變公部門的工作。無論社區營造、教育、社福等各種政策領域，都有各式各樣花費長時間和龐大資金的研究。那些研究的成果有一部分應用於解決現實發生的問題，但大多數成果都未被應用。只要實務工作者注意到其中的一些成果，就有機會解決問題。

2 文獻研究的方法

關於文獻研究的方法，其實並沒有必須遵守的步驟，坊間也沒有解說方法的教科書。因此，我要介紹的是基於我自身經驗，個人認為有助於研究的步驟和檢討方式，請各位以此套方法為基礎，在習慣以後加入自己的調整。

文獻研究的步驟：文獻清單的製作和修正

　　首先，請製作**文獻清單**，也就是與研究題目相關的書籍和論文清單，也包含行政機關發行的報告書等文件。製作文獻清單是爲了從文獻的廣度掌握研究主題的全貌，也是爲了使自己更有效率地到書店或圖書館尋找文獻。清單裡記載的資訊包含論文的作者名、論文標題、刊載期刊（書籍）、卷號、出版年份、刊載頁數等，以及書籍的作者名、書名、出版社、出版年份等。這些項目是撰寫論文時需要的資訊，在一開始記錄必要資訊，就能直接列入論文最後的引用文獻清單。

　　首先要製作暫定清單，取得、閱讀並檢討文獻，再根據結果修正文獻清單，然後再次取得文獻、檢討（精讀、速讀）、修正文獻清單……重複此步驟，流程如圖表3-1所示。修正清單的目的是藉由閱讀匯集的文獻，理解問題的廣度，再擴大搜尋範圍，從已閱讀的書籍和論文的引用文獻清單找到新的應閱讀文獻，或是反過來在閱讀之後了解該論文與自己的研究題目無關，因此從自己的清單中移除。這項修正文獻清單的步驟，會持續直到將研究結果彙整成論文，然後結束研究爲止。

　　製作文獻清單時，可以利用蒐集的書籍和論文最後的參考文獻清單，不過一開始運用網路的公開資料庫最方便。第3節將介紹運用資料庫的搜

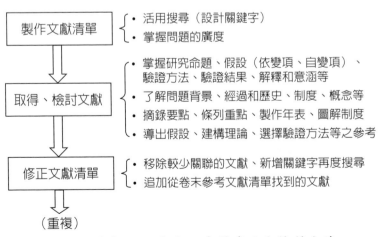

圖表3-1　文獻研究的步驟和檢討方法

尋方式，第4節則介紹文獻的取得方式，在那之前，我先說明如何閱讀和
檢討蒐集的文獻，那也是文獻研究方法論的一環。

文獻回顧的解讀和檢討方式

閱讀論文時，謹記政策研究的方法論也有幫助。與工作是閱讀論文的
研究生不同，對大學生和實務工作者而言，閱讀專門書籍和研究論文是相
當吃力的作業。但是，第5章將說明論文是依據共同格式撰寫而成，即使
使用的語言不熟，或是出現沒看過的概念，只要預先知道論文各個部分會
寫些什麼，就能掌握概要。而且，如果該篇論文提出新的概念，一定會記
載定義。

至於具體而言如何閱讀，閱讀時請注意研究命題是什麼、假設以及
自變項和依變項是什麼、使用了哪些驗證方法、驗證方法是否合適、是否
指出研究命題的解答，藉此可掌握整體架構。只閱讀這些資訊然後不再閱
讀，這也是可行的方式。如果需要閱讀大量文獻，有必要先從手上的論文
中找出有助於自身研究的論文，此時即可透過上述資訊進行判斷。速讀也
有幫助，請多加嘗試。

如果要處理未知的問題，首要之務為透過文獻研究，取得有關研究題
目的知識。藉由文獻回顧，可以了解問題背景、經過、制度等。請勿埋頭
苦讀，而是條列式地記下背景，將事情經過整理成年表，或以圖示記錄法
律制度，這些紀錄能在彙整研究時派上用場。透過這些方法深入了解問題
後，或許還能重新精煉研究命題。

為了記述與分析問題，學習概念也很重要。關於已有一定的研究進
展之問題，應該已經有人提出了相關的記述與分析用概念。了解這些概念
後，能有效幫助我們解讀文獻，以及理解問題。請將這些概念和重要用
語，連同定義一起摘錄在筆記本裡。

獲得一定知識後，一般會尋求能更直接幫助探討研究命題的資訊，將
注意力放在回顧相同題目的文獻上，探討那些論文的研究命題以及導出的
解答，**繼續閱讀論文**。除了檢討研究命題和其解答，有時候也會檢討假設

的建立方式、理論的形成方式、驗證方法的選擇等。使用從理論、模型導出假設的方法時，有必要透過文獻研究學習理論和模型。此外，為了了解從理論導出假設的具體案例，有時候也會尋找有哪些研究使用的方法或理論跟自己所想的相同，當作參考，此時就不用在意研究命題是否相同。例如，即使研究對象完全不同，仍尋找適用於社會資本理論的研究案例。還有，因為想學習研究方法，即使研究對象和適用的理論都不同，但也能參考精闢分析的研究案例。

　　如以上所述，要以什麼樣的觀點閱讀手上的文獻，取決於各位對於問題的關心之處，但我建議各位記錄閱讀過的文獻，明確記下資料來源，針對認為有助於研究的內容進行摘要。如果發現與自己的研究有重疊之處，也可以先記下研究命題、假設、驗證方法與結果等資訊。我會以文書軟體記錄，以前的研究員據說是寫在卡片上，然後上下左右重新排列成論文。現今我們能以打字的方式進行相同的作業，這樣更有效率，但請注意節錄文章時，務必使用引號，並且記下頁數。第5章將深入說明引用的方式，著重於嚴格區分他人的想法、文章，以及自己的主張。使用文書軟體節錄和編排時，很容易不知不覺和自己的想法混在一起，必須隨時注意。

文獻探討（文獻回顧討論）的撰寫方式

　　文獻研究的結果不僅能用於精煉研究命題和導出假設，該成果本身就能成為論文的一個章節，也就是前述的**文獻探討（文獻回顧討論）**。我經常收到關於文獻探討如何撰寫的問題，大家似乎都認為這是很困難的事。也許我應該在論文撰寫方式的章節（第5章）說明，不過在討論文獻時如果能注意到撰寫文獻探討的方式，將會更有效率，因此請容我在此說明。

　　如何將文獻研究中獲得的資訊運用於自己的論文，取決於各研究的問題重心和撰寫風格，並沒有通用的建議，不過我會依照對象提供不同建議。大學生可以盡量以發表自己獲得的知識為目的，在撰寫專題論文和畢業論文時，也有必要強調自己學到的事物，各位不需要太在意結構，請盡量寫出所學即可。

　　研究生的話，應考量結構，並以研究命題爲主軸蒐集材料，撰寫出
與自己所提出之假設有關的內容。有些研究生的文獻探討只列出了誰說什
麼，但研究生和大學生不同，本就該從文獻中學習，所以必須克制想寫出
已知內容的心情，也必須捨棄與自己的研究命題或假設關聯較低的學說。
如同前述，之所以要在論文之中進行文獻探討，是爲了釐清研究命題的意
義，以及導出假設。讀者也是基於這樣的期待閱讀的，如果我們永無止境
地介紹與研究命題關係薄弱的學說，讀者將會迷失於文章中。請記住自己
是爲了釐清研究命題的解答而撰寫文獻探討，並且針對討論對象有所取
捨，如此才能寫出必要的文獻探討。實務工作者撰寫論文的標準比照研究
生，撰寫報告書亦同。

3　搜尋論文和書籍

　　製作文獻清單時，可以透過資料庫來搜尋論文和書籍，搜尋結果也會
顯示館藏位置，以下介紹該方法。

搜尋論文：CiNii Research

　　查詢學術論文可以使用**CiNii Research**（https://cir.nii.ac.jp）這個網
站（在首頁指定論文），這是由日本國立情報學研究所（NII）經營的網
站，匯集了國立國會圖書館的期刊文章索引資料庫、大學研究紀要等學術
論文資訊，各位可以搜尋諸如「公民共同生產」或「非營利組織」等與研
究主題有關的關鍵字。

　　使用關鍵字搜尋是有訣竅的，搜尋「居民共同生產」會跳出44筆結
果，「公民共同生產」則有177筆論文（2011年1月21日的搜尋結果），以這個
數目而言，看標題來挑選可能與研究主題有關的論文還算輕鬆。然而，某
些特殊的關鍵字幾乎搜尋不到論文，此時請擴大搜尋範圍，替換成其他相
關的詞彙，例如「夥伴關係」、「公民參與」、「業務委託」等。

　　反之，一般的詞彙可能會搜尋到大量的文獻，例如搜尋「政策」會跳

出177,113筆，即使只看標題也無法全部看完。此時，請縮小搜尋範圍，在「政策」後面隔一個空格，輸入其他詞彙，例如搜尋「政策」和「教育」，可以將範圍縮小至12,730筆。由於數量還是很多，有必要再縮小範圍。除了增加關鍵字，也可以使用進階搜尋，將出版年份限縮於近期，這也是一個方法。

　　CiNii Research的資料包含論文標題、作者姓名、刊登期刊、卷號、刊登頁數、發行年份等，運用這些資料就能充實論文清單。除了這些資料以外，如果刊登的期刊為大學紀要（大學出版的學術期刊），那麼該論文很有可能在網路上公開全文，或是有連結連到公開位置（**機構典藏；institutional repository**）。當你從論文標題判斷該論文與你的研究主題相近，那就一定要打開來閱讀，該論文應該可以幫助你更深入理解主題，了解自己該如何擴大（或縮小）搜尋範圍。此外，你也可以運用該論文最後的文獻清單。

　　至於網路上無法取得的論文，請到刊登期刊的館藏圖書館閱讀和影印，屆時，卷號、刊登頁數等資料將有所幫助，這部分請待我後述。

搜尋書籍：OPAC、CiNii Books

　　如果要搜尋書籍，學生可以使用自己大學圖書館的**OPAC**（線上公用目錄）搜尋，一開始先從大學圖書館館藏的書籍中取得關於研究主題的知識。然而，現實情況是由於財政困難和存放場所的問題，大學圖書館的藏書有限。因此，光靠自己大學的OPAC並無法充實文獻清單，必須拓展其他搜尋範圍。

　　要將書籍加入文獻清單，各位可以使用**CiNii Books**（https://ci.nii.ac.jp/books/），在網路上搜尋全日本大學圖書館的館藏目錄資料庫（國立情報學研究所）。只要使用圖書期刊搜尋選單，在關鍵字的欄位輸入與研究主題有關的關鍵字，就能搜尋到標題包含該關鍵字的書籍。如果搜尋多個關鍵字，也可以依據出版年份來縮小範圍。還可以使用**Webcat Plus**（https://webcatplus.nii.ac.jp/）的聯想搜尋選單，找到與關鍵字或文章有關的書籍。

　　CiNii Books的搜尋結果會顯示館藏所在的圖書館清單，如果你附近的圖書館有館藏，那就可以考慮借閱，下一節會介紹校外人士使用大學圖書館的方法。

　　如果想取得論文，那就必須查詢刊登期刊的館藏所在，請運用大學圖書館或預計訪問之圖書館的OPAC搜尋有無館藏。如果沒有館藏，請使用CiNii Books搜尋館藏所在，方法和搜尋書籍相同。

4　取得論文和書籍

　　搜尋完畢且製作好文獻清單後，接著就要取得書籍和論文。以下介紹如何透過圖書館來取得書籍和論文。

大學圖書館

　　學生首先使用的是大學圖書館。**大學圖書館**會在設計上偏重研究目的之用途，不過每間圖書館的書籍或各種資源的配置都不同，通常會在學期初開設導覽活動詳細介紹，還會開設資料庫使用說明會，請多加利用。

　　近年來，有許多大學圖書館會在官方網站上設置資料庫的入口網站（如同窗口的角色），列出各種網站的連結，除了日文文獻的CiNii，還有許多英文文獻的資料庫，例如教育學的ERIC、法律學的Lexis。此外，大學圖書館會購買電子期刊供學生搜尋（通常僅限於學校網域內使用）。

　　大學圖書館的**閱覽諮詢館員**具有資料搜尋的專門知識，提供學生諮詢搜尋方法，以及尋找與自身研究題目有關的資料或數據之方法。大學圖書館的閱覽諮詢館員不僅知識豐富，待人也親切，我就讀研究所時也受到許多幫助。

　　與公立圖書館相比，大學圖書館有許多專門書籍和學術期刊的館藏，但未必擁有政策研究所需的豐富文獻。專門書籍和學術期刊通常是教師們使用研究費購入後上架至圖書館，因此館藏書籍往往偏重於教師的專攻領域，更別說小型大學的社會科學教師不多，能涵蓋的專攻領域就更有限

了。此外，現今研究費已被大幅刪減，經常要跨館調閱和影印必要的書籍和期刊論文，相關程序請至各窗口或網站確認。也請注意，**館際調閱和影印**可能須付費。

　　校外人士如果用途是研究，那也可以使用大學圖書館。近年鼓勵回饋在地，愈來愈多大學圖書館開放當地縣市的居民使用。使用程序各自不同，有些大學受理讀者直接申請，也有必須透過公立圖書館受理申請的大學。有的大學提供校友簡便的辦理程序，請直接詢問館方確認。有的大學一旦受理通過，讀者就可以閱讀書籍期刊，甚至借閱。此外，館內通常設有投幣式影印機，供人影印論文。

公立圖書館

　　一般而言，**公立圖書館**較少專門書籍或學術期刊，但仍有使用價值，有些公立圖書館用心蒐集了與地方自治或社區營造有關的圖書。請先在網路上搜尋，確定文獻的館藏所在後再前往現場，如此比較有效率。大部分公立圖書館的館藏圖書和資料，可以在網路上透過OPAC搜尋。針對日本的市區町村立圖書館，讀者必須搜尋該圖書館的館藏資料，不過也可以運用都道府縣立圖書館的網站**整合查詢**，一次搜尋該都道府縣內之公立圖書館的資料。如果館藏不在自己居住的町內，而是在隔壁町，要前往也還算容易。

　　公立圖書館也有**館際調閱的制度**，可以透過自己居住的市區町村立圖書館，借閱其他市區町村的圖書館、都道府縣立圖書館、國會圖書館，甚至附近的大學圖書館等的資料。有些圖書館有固定配合的館，請至參考櫃檯諮詢，調閱時有可能需要付費。此外，如果是不常辦理館際調閱的圖書館，即使有此制度存在，館員也可能不清楚，必須花心力尋找了解制度的館員。如果是在自己任職的地方政府管轄的圖書館，就當作這也是為了落實市民服務而努力吧。

　　地方公立圖書館裡有一種資料是其他圖書館沒有的，那就是**鄉土資料**。其中大多是教育委員會發行的古蹟調查報告，以及記載地方歷史的

書，有時候也有經過整合整理的公部門發行之報告書、計畫書、小冊子類型的**行政資料**。某些都道府縣立圖書館也整理典藏了各別市區町村的行政資料。

　　有的公立圖書館還有**議會會議錄**的館藏，如果完整保存了**新聞稿、議會公告**，讀者就可以當作索引使用，查找尚未數位化的古早時期之議會會議錄。此外，也有圖書館會製作**市政或縣政相關報導**剪報，依照議題或領域蒐集相關報導，方便查詢政策議題的來龍去脈和背景。遺憾的是，近年來由於人手不足、業務委託或空間不足，這類簡報似乎愈來愈少製作了。

地方政府的資料中心、文書館、議會圖書室（館）

　　規模較大的地方政府或重視公開資訊的地方政府，會在機關內設置**行政資料室**（或稱**市民情報中心**等，名稱不固定），專門整理與公開行政資料，有時候也有公部門相關的專門書籍或資料集，非常方便。這種地方大多身兼資料公開窗口，可以在這裡使用文書目錄查詢各課保管的書面資料。

　　雖然目前並非所有地方政府都設有**文書館**或**公文書館**，不過除了都道府縣，市町村層級的公部門也逐漸設置此單位，存放執行結束後經過一段時間的書面資料。視主題而定，可以在調查過去的事情經過時派上用場。我曾經到神奈川縣立公文書館調查環境政策相關資料，發現了我剛入行時起草的書面資料，那是整理了多位承辦人員處理違法開發的紀錄書籍。看見自己的工作在歷史上留下紀錄，我感到些許自豪。

　　所有的地方政府應該都設有**議會圖書室**，但只有都道府縣和規模較大的市才擁有能幫助研究的館藏。某些具有一定規模的議會圖書室，甚至還有令人意想不到的有用書籍。假如公立圖書館因為某些因素而缺少部分的議會會議錄，各位可以到這裡閱覽。針對與地方密切相關的政策議題，其實地方議會比一般民眾想像得還要深入討論，各位可以透過那些紀錄了解公部門的答辯、問題所在、過去的處置。

　　實務工作者應該也可以直接詢問負責部門有沒有相關資料，如果是職

務上或研習所需倒還好，但假如是爲了自主研究，由於可能被問到研究該主題的原因，因此需先準備好答案。視情況而定，也許還要先做好有人會投訴到主管那裡，或是自己下次被調單位的心理準備。

中央省廳的圖書室、國立國會圖書館

中央省廳設有圖書室，內有省廳管轄的行政資料，以及與公共行政相關的專門書籍和資料。其定位爲**國立國會圖書館**之分館，外部人士也可以閱覽。

國立國會圖書館有非常多的館藏，是尋找書籍的最後王牌。但其爲密閉書庫的形式，使用者多，一天只能進行五次申請書籍、找到對應頁數並影印的作業。相較之下，中央省廳的圖書室爲開架形式，只要事先指定好資料便可立刻找到，不過有些圖書室備有投幣式影印機，有些則沒有（建議事先查好）。

國會圖書館的查詢系統（https://rnavi.ndl.go.jp/rnavi/）提供讀者有幫助的資訊，協助讀者如何找到想要的資料。

購買

如果有購書的經費，或是工作單位有補助，那也可以到書店購買書籍，或使用Amazon等網路商店購買。雖然有時候網購後卻發現送來的書對研究沒有幫助，但近年愈來愈多書籍會在網路上公開目次和部分內文，多少能減少這種情形發生。如果一開始就決定網購的話，那也可以直接在網路商店搜尋後製作文獻清單，畢竟無法取得的書籍就沒有列入清單的意義。

請務必購買能作爲研究範本的書，並且多閱讀幾次，好好吸收消化。此外，也建議購買可能會反覆參考的書籍。愈是重要的書籍，在圖書館愈容易被借出。對自己有用的書籍，通常對其他人也很有幫助。

話雖如此，大部分的人光購買仍不夠，還是會考慮運用圖書館。除了預算有限的問題外，專門書籍由於發行數量不多，多年過後就難以從書店買到。要是把這種書從清單中移除，就等於是縮小文獻研究的範圍。

電子期刊、電子書

學術期刊正快速地轉換為電子期刊，這波風潮以國外文獻為主。數位化的學術期刊可透過網路搜尋，並且直接列印。電子期刊通常透過圖書館的入口網站進入閱覽，但圖書館必須購買才能提供此服務。

專門書籍也開始數位化了，而日本不論學術期刊還是專門書籍，都有著作權處理等問題，未必能預測未來數位化如何發展，但我認為為了發行印刷量少的專門書籍，數位化將在所難免。

5 使用網際網路

近年來，網際網路也能提供各式各樣的資訊。第1章引用了巴瑟雷教授等人的論文，那些都刊登在網路上的學會期刊，並未發行紙本期刊。在查詢在意的詞彙之前，先看維基百科（Wikipedia）的說明是相當方便的事。如果在使用統計軟體和文書軟體上有不清楚的地方，論壇的Q&A能給予幫助。由於太過方便，現在的大學生做報告時都會依賴網路，針對這一點該如何處理，是所有大學教授共同的煩惱。

在進行政策研究時，除了必須仰賴公部門提供的資訊，也可以透過網路取得審議會的報告或議事錄、行政計畫書、統計資料、議會會議錄等檔案，那當然得好好利用了。此外，也請妥善運用網路上公開的論文，使用各位平常慣用的Yahoo!或Google等搜尋引擎即可，但必須充分注意以下兩點。

對於資訊勿照單全收

第一個注意事項是對於網路上的資訊，勿照單全收。「儲存」於機構典藏的發行論文之電子檔、電子期刊的論文、地方政府的官網公開的報告等來源明確的資訊，可以如同書籍和學術論文般引用。至於來源不明的網站和維基百科的記述，雖然可以當作調查的線索，但請勿根據該資訊導出結論或撰寫論文。即使是有標示撰寫者的網頁，由於也有可能是從其他網

站引用或二次引用（針對引用他人論文等之文章，未追溯其出處而直接引用），應避免引用。地方政府官網上的記述也可能是引用自中央部會的說明，由於只節錄部分，甚至可能有說明不正確的地方。

明確標示資料來源

第二個使用網路的注意事項，是引用時明確標示資料來源。引用書籍和期刊論文時，也同樣要明確標示資料來源（第五章將說明），而引用網路資料時，必須明確記載什麼時候從誰（哪個機構）的網站（或網址）下載。未明確標示資料來源，直接複製貼上的行為，是絕對禁止的。這種問題在學生報告中屢見不鮮，針對未經許可直接複製貼上的行為，近年來大眾似乎尚未注意到此為犯罪。即使是公部門的文件，過去就常有人若無其事地「剪貼」書籍或報告書上的圖或表格，此風氣似乎延續至現今的網路世界，但這是絕對禁止的。即使是網路公開資料，也請在引用時明確記載出處，當作對前人的想法表達敬意。

6 訪談

各位可以將透過文獻清單獲得的知識和資訊，當作政策研究分析上使用的「資料」。除了統計等以數字表達的**量化資料**外，還有論文和期刊上的記述、研究者親自觀察的紀錄、訪談調查紀錄等**質化資料**。

文獻研究具有蒐集質化資料的功能，但光靠文獻研究，通常仍無法充分蒐集到質化資料，需要進行觀察或訪談來補充。若想知道詳細方法，必須閱讀**田野調查**或**質化調查**的教科書，在此僅針對各位最有可能執行的訪談介紹重點。

訪談中央政府和地方政府的承辦人員

訪談行政機關的承辦人員時，重點在於充分準備。若在準備不足的情況下與對方見面，對方可能會因為你是學生而不理不睬，或認為你只是在年底打著視察名義來觀光的實務工作者，而快速把資料交給你之後就結束

會面。如果是經常有人去視察的先進地方政府，給予這樣的對待也無可厚非。反之，若你事先詳細調查，將認眞的態度傳達給對方，你所問的問題大多應能提供對方未曾想過的觀點，使彼此有所收穫。尤其實務工作者先準備好能提供的資訊（例如自己處理該業務的方式），通常有助於彼此，因此會受到歡迎。

　　具體而言，該如何準備呢？首先是事先調查書籍、論文、報導和行政資料等，了解所有能知道的資訊。透過這項作業，你能將問題限縮於唯獨詢問當事人才能獲得的資訊。如果你的問題答案都是已公開的資訊，不僅會被懷疑功課做得不足，還可能會因爲老掉牙的問題而遭到討厭。第二項作業是再次確認自己的研究命題，將目標限縮於得出該命題之解答。如此一來，該問的內容會自然而然變得明確，也能排除掉不必要的問題。要是未經篩選而連環詢問，不僅會導致資訊蒐集成果不足，還有可能被對方懷疑目的何在。第三項作業是事先做筆記，預想訪談流程，減少重複的問題和浪費時間的部分，進行有效率的提問。

　　在準備問題時，除了回答研究命題外，也應注意後續要對照訪談結果驗證假設。但若過於堅持當初的假設，可能會誘導對方的回答，或漏掉意外發現的機會。透過訪談理解無法從文獻得知的問題延伸或背景，這種事並不少見。因此，我認爲最好基於研究命題來準備，而非假設。

　　此外，接下來主要是針對學生的建議：前往訪談時，務必事先預約，請別忘了對方正在上班。如果想做得更有禮貌，可以事先寄信說明訪談要旨和去電時間，然後再依時間打電話過去。我也是這樣學到的，但如果對方是中央政府或地方政府的人員，可能很難事先得知承辦人員是誰，因此直接打電話也無妨。如果對方願意接受訪談，可以直接以郵件或傳眞寄送申請書和問題列表，通常對方也會要求這些文件。申請書上請明確記載自己的身分、聯絡方式、調查要旨等內容，並確認電話約定的會面時間和地點等。此外，請確實告知如何使用訪談結果和對方提供的資料，例如是否僅撰寫成論文並提交給大學而已、是否有投稿至期刊的計畫、是否打算在網路上公開等。訪談時還要確認論文上如何標示資訊提供人，是否會公開

對方的隸屬部門和姓名，以及是否會匿名，或連隸屬部門也匿名，例如僅記載成「A市」。

　　最近有愈來愈多學生不打電話，而是寄電子郵件申請，也同樣會收到回覆。由於電子郵件的申請流程尚未建立完成，我認為還是要打電話和寄申請書比較好。

訪談的訣竅

　　如同前述，訪談調查的重點在於確認無法從公開資料或報導中得知的事實，其中也包含索取資料或數據。

　　如果是關於政策論的主題，也就是探討政策內涵、問題的狀況和原因，也可以詢問承辦人員的見解，例如在詢問了各種問題之後，或許有機會詢問對方問題的原因是什麼。雖然那正是探討中的研究，你可能會覺得過於直接或天真，不過在工作上最靠近問題的人所給予的洞察，應該能讓你有所啟發吧。但那個回答中帶有承辦人員的主觀意識（雖然或許該判斷經過部門內的分析而有確切根據），不可以照單全收，頂多只能當作補強結論的素材，或是用來發現之前漏掉之觀點的契機。

　　如果是處理政策過程論的主題，即使打算在訪談時詢問事實，也必須小心處理訪談結果。政策過程的相關問題和該地方政府或該承辦人員的績效或成敗有關，因此對方可能會誇飾自己的績效，或是隱匿對自己不利的資訊。此外，當被問到過去發生的事，記憶有可能與事實不符，有時候甚至將其他單位的功績當作自己的業績般炫耀，或說出與事實相反的話。那些證詞大多符合事實，難以看穿每一句的真偽。為了提高訪談內容的信賴度，我們可以做的是詢問多位承辦人員，以及與事先調查的報導或議會會議錄等資料比對，仔細確認沒有矛盾之處。地方政府的現任職員通常都很慎重，只會針對事實做出最低限度的回答，但其中也有愛炫耀的人，要是認為研究員功課做得不足，似乎就會變得聒噪、輕浮起來。因此，事前準備真的很重要。

　　詢問的時間盡量要短一點，我個人認為的理想是在30分鐘內，最長

也要以1小時爲限，而且很少訪談第二次。在整理結果的過程中，必要時只會以電話等進行補充訪談而已。這一點與專門做田野調查的學問領域不同，那種領域的研究員會拜訪好幾次，與訪談對象建立信賴關係，接受對方提供不向外人道出的資訊。而在政策研究的領域中，訪談那些面臨社會問題的人，例如遭到「非法解雇」的約聘勞工時，或許會需要採取那種方式。我自己曾經在訪談參與街景保存的公民、商家、企業家時，不只申請一次訪談。不過如此一來也會介入對方生活，造成對方困擾，因此訪談時間短一點比較好（我並沒有這方面的方法論和充足經驗，實在無法妄下定論，若想知道詳細內容，請參考田野調查的專門書籍）。

尤其在公部門的人之中，如果有那種下班後還願意花很多時間接受訪談的對象，或是會自己主動侃侃而談的對象，研究員通常會樂於收下他們的好意。但即使如此，要是對方已經偏離問題主旨，研究員就應該導回正軌。反之，就算對方沒有依照事先提供的問題列表順序，只要談話內容仍在我們想問的範圍內，就讓對方自由發表吧，因爲這種時候有可能獲得意想之外的重要資訊。如果獲得那樣的資訊，請特別問得更深入點，並且靈活地臨機應變吧。因爲是對方提供的資訊所衍生的問題，即使不在事先提交的問題列表內，對方應該也會爽快回答。在這樣的互動之下，有可能會偏離一開始設想的內容，請快速回顧問題列表，把剩下的問題問完，並且注意不需要執著於問題列表的順序或細節，也別重複詢問對方說過的內容。

訪談結果一定要記錄下來，也別忘了記錄訪談日期、時間、地點、對方的姓名和職位。如果是多人一起前往訪談，也要記錄己方的與會人員。在我的專題課上，去訪談的學生有義務先將問題提交給研究室，並向研究室借用錄音機，在對方同意之下錄音，回來後打成文字（**逐字稿**）。逐字稿紀錄會變成畢業論文的附件資料一起提交，是否於分析時充分運用訪談結果，也會成爲評分和評論對象。由於紀錄與畢業論文一起存放在研究室裡，後進學生選擇類似的主題時可以參考，才不會再次做同樣的訪談造成困擾，不過學生的研究主題多樣，至今只有一個學生眞的參考了學長姐的

訪談內容。

　　順帶一提，比起使用錄音機，我自己進行訪談時不使用錄音機的情形較多。通常是在研究政策過程論的研究命題時，尤其如果問到關於政治決定的問題，為了不讓對方心生警戒，我會特意不使用錄音機。取而代之的是在訪談過程中稍微記下關鍵字，訪談結束後立刻到公部門的資料室，一邊回想剛才的訪談一邊寫下逐字稿，這種時候會需要用到筆記型電腦。前面提過訪談以一小時為限，那也是因為超過這個時間之後就很難記起來了。此外，我之所以會在訪談結束後立刻做這件事，是因為我讀研究所時學到，如果和他人說話，原本記得的事情可能會淡忘掉。我的指導教授為了讓訪談對象輕鬆談話，刻意不在過程中做筆記。

向專家訪談：調查研究員的專攻領域

　　接著也談一下如何向在大學等機構從事研究工作的專家問問題。對學生而言，這不只能針對自己的研究主題得到建言，還能在尋找未來想去的研究所時獲得幫助。對實務工作者而言，這是委託研習講師或第6章說的審議會委員的機會。

　　此時最重要的是，自己希望獲得建言的領域，應與對方的專攻領域一致。那麼，該如何調查專家的專攻領域呢？又該如何調查有哪些專家正在研究自己有興趣的研究主題呢？有一個可以搜尋研究員專攻領域的方便工具，那就是由日本國立研究開發法人科學技術振興機構營運的研究員一覽資料庫——**researchmap**（https://researchmap.jp/）。透過這個工具，可以搜尋研究員的姓名、成果、隸屬單位、領域的組合。此外，由於近年來講求大學要回饋在地社區，因此各大學也積極地公開研究員的專攻領域和研究主題，紛紛在官方網站上公開資訊。

　　選擇好訪談名單後，請在CiNii上搜尋作者姓名，透過搜尋結果中的論文標題確認其專攻領域，也可以反過來用researchmap確認在CiNii上發現的論文作者之隸屬單位和近期研究主題。使用這些資料庫篩選完名單後，就要閱讀這些人的論文或著作。雖然通常在閱讀的階段就能獲得解

答，不過如果想深入問本人問題，就請告訴對方你已經讀過他的論文或著作，拜託對方給你建言吧。只要你準備到這個程度，也向對方傳達了熱忱，對方應該不至於拒人於門外或敷衍了事。

上述也適用於實務工作者委託研習講師或審議會委員。請注意不要把所有內容都交給老師決定，這是最令人洩氣的事。本來應該先有想要的研習或演講題目，或是想在審議會討論的問題，然後調查哪些人正在進行相關研究，再拜託對方運用其研究成果。當對方感受到自己的研究受到肯定或被需要，就會有動力做出相應的準備。因此，實務工作者必須事先調查專家正在進行的研究。只要學會本章介紹的文獻研究方法，應該就能輕鬆完成吧。

7 數據的蒐集方法

目前為止介紹了蒐集質化資料的方法，例如文獻研究和訪談。接著要介紹的是如何獲得以數字表達的量化資料，也就是數據。

下一章的驗證假設階段將會使用到數據，這一節僅說明獲得方法，這樣應該比較好懂。不過，究竟該蒐集什麼樣的數據，就請各位閱讀下一章之後再決定。這是因為所需的數據種類，取決於建立研究命題和假設之後，所選擇的驗證方法。換言之，蒐集數據的步驟會和驗證假設的作業一同執行，更精準而言，在建立假設前，就要先思考可以蒐集什麼樣的數據。

白皮書、統計資料

說到數據，第一個想到的就是中央省廳公布的白皮書和統計類資料。**白皮書**內會詳細介紹中央省廳的制度和業務，還會分析各年度的重要議題，也有助於各位了解各省廳的態度。此外，都道府縣和政令指定都市等地方政府也會發行白皮書。

日本的**統計資料**諸如《日本統計年鑑》（總務省統計局）、《從統計來看都道府縣樣貌》（總務省統計局）、《從統計來看各縣情勢》（矢野恒太紀

念會）、《地區經濟總覽》（東洋經濟新報社），其中大部分的統計資料如以下所述，可以從網路上下載。此外，還有報社出版的年鑑、關鍵人物與人名錄等資料，這些資料被蒐藏於第4節介紹的圖書館和資料室內，通常是一整套作為參考書籍上架，而參考書籍通常無法外借。

資料庫

雖然紙本上的數據資料便於綜觀，但在進行統計分析時並不方便，因此要取得數位資料（通常是電子試算表軟體的格式）。

日本公部門的數據大多可從總務省官網（https://www.stat.go.jp/）或**e-Stat**（https://www.e-stat.go.jp/）下載，e-Stat由獨立行政法人統計中心運用管理，而原始的數據來自國勢調查或商業統計調查等。這些公開資料包含多種各都道府縣的數據，而市町村層級的數據則有限。

大部分的數據也可從日經NEEDS（日本經濟新聞社）資料庫取得，雖然得由大學圖書館、隸屬研究室或職場等單位購買才能使用，不過數據內容包含經濟、經營、市場相關領域，在需要的時候非常有幫助。

現在愈來愈多地方政府也會公開數據，各都道府縣的官網就刊登了許多種類的各市町村數據，各省廳、都道府縣各局處、市區町村等官網也公開了某些政策領域的詳細數據。舉例而言，在警察廳的官網上，公開了犯罪、交通事故、遇難、自殺、犯法等詳細統計表（有些與e-Stat重複），而在都道府縣警察本部的官網上，則公開了標示各地區各警察署轄內犯罪率的地圖，並且排序各市町村排名，雖然處理方式不同，但提供了詳細數據。卷末的演習案例中，使用了包含自行車事故在內的交通事故和犯罪相關統計，其詳細內容也是公開數據之一。

如果要分析數據，並且用於發表，那麼經濟產業省和內閣官房提供的地區經濟分析系統**RESAS**（https://resas.go.jp/），或e-Stat的活用選單中的統計儀表板，都能幫助視覺化呈現。

近年來，各省廳和地方政府都在進行政策評估和行政評估。提出政見後當選的首長，會評估政見的達成狀況。那些評估報告主要刊載了政策的**投入**（預算等）和**產出**（設備整頓狀況或計畫執行狀況等）數據，有時候

還會有**結果**（政策造成社會狀況有什麼樣的變化）指標的數據。雖然未必所有業務都納入被評估對象，但用心的報告有助於驗證，而且至少能確認地方政府有原始數據，可以當作向負責機關索取的依據。

各省廳和地方政府的官網還公開了各種審議會報告書，內含許多與審議內容相關的公開統計資料，例如卷末演習案例中使用的自行車事故分析，就是出自自行車對策檢討懇談會的「關於促進自行車安全使用之建言」（2006年11月）之數據。財團法人的官網上也可能有統計資料，像是本書使用的自行車持有數之數據，就是來自財團法人自行車產業振興協會（公開了各縣的數據）。

在這些原始調查之中，有每年進行調查的數據，或如國勢調查般每五年進行一次的數據，請務必先注意該數據的調查時間，在加工成表格或用於統計分析時，除了論文等資料來源外，也必須視情況記載調查時間。

此外，大學等研究機構也會公開自行調查的數據，例如美國密西根大學的ICPSR（Inter-university Consortium for Political and Social Research）就是一個典藏資料庫，集結了各式各樣的調查數據，我讀研究所時也曾為了上課和寫報告使用過。至於日本雖然尚未有統一的入口網站，不過東京大學社會科學研究所附設社會調查資料典藏研究中心，就建立和經營著SSJ資料典藏（Social Science Japan Data Archive，https://csrda.iss.u-tokyo.ac.jp/infrastructure/）。關於使用既有調查數據進行研究（**二次分析**）的參考書籍，在此舉例佐藤博樹、石田浩、池田謙一編的《社會調查的公開數據：二次分析的邀請》（東京大學出版會，2000年）。

檢索新聞

新聞報導是獲取研究政策或議題相關知識時不可或缺的媒材，雖然也有專家認為，新聞報導中存在重視新聞觀點而造成的偏頗，或過度依賴公部門提供資訊而產生的問題，因此身為資訊來源的價值較低，研究時不得不注意這一點，但報社與報社記者的採訪與挖掘問題之能力，並非一個個人能匹敵，因此對於研究而言確實有助益，本書第1章也建議過各位製作剪報來決定研究主題。以前尋找報導時，必須使用報紙合訂本的目次等，

現在則可以使用新聞報導搜尋資料庫，直接找到想要的報導。

新聞報導也可以當作數據使用，透過數位化，我們可以調查包含特定關鍵字的報導有多少，並將結果當作量化資料使用，這就是**內容分析法（content analysis）**。當報導數量或份量愈多，就代表愈受到社會關注，因此可以將報導數量簡單當作輿論指標。如果要更正確計算，就要統計報導的篇幅大小，甚至判斷各報導對問題的正反立場為何，製作成數據。

在檢索報導時，如果是比較新的報導，也可以上各報社官網搜尋。但是，若要回溯一定時間以前的報導，就必須使用新聞報導搜尋資料庫。朝日新聞社的「**聞藏**」就是具代表性的資料庫，可以搜尋1879年以後的報導，而且還收錄了地方版的資料，此外也可以使用某些大學圖書館和都道縣立圖書館搜尋。而每日新聞社（每索）、讀賣新聞社（yomidasu）、日本經濟新聞社（日經telecom）等報社也同樣設有資料庫，可以在許多大學圖書館和公立圖書館使用。

也有一些地方報紙製作了報導資料庫，有線上資料的類型，也有CD-ROM的格式，可在大學圖書館和公立圖書館使用（部分資料須由參考櫃檯代為搜尋）。

問卷調查

問卷調查是一種取得獨家數據的方法，似乎有很多人以為學生和實務工作者都能輕鬆做到，但其實並不容易。為了取得沒有偏頗的數據，必須具備採樣和問題設計的專業知識。如果想做出完善的調查，就必須熟練調查方法。因為沒辦法用一節的篇幅說完該方法論，請各位另外閱讀專門的教科書。以問卷為主的調查稱為**社會調查**，坊間有許多介紹該方法的書籍。

我只從政策研究的觀點說一個注意事項，雖然善用問卷調查的確能發揮驗證假設的功效，但反而難以發現假設以外的事實。如果不好好精煉假設，有可能只能確認明確的事實就結束研究。不僅調查和分析要花費金

錢和時間，也可能會造成調查對象的困擾，因此即使失敗也無法重做。請特別注意，製作問卷回收後可還沒結束，之後還要花很長的時間資料清理（data cleaning）和分析。如果要做的話，請事先預留足夠的時間給分析作業，準備好徹底運用接受許多人協助而獲得的數據。

保密義務、公務員倫理

　　針對實務工作者，前面已再三建議將職務上的經驗活用於研究。關於數據也是如此，在實務上得到的數據一定要多活用於政策規劃。不過，當公務員將職務上獲得的資訊用於私人研究，在公開結果前，務必審慎判斷該資訊是否能使用或公開於職務以外之處。關於市民隱私的資訊當然不能公開，還有稅務、醫療、社福服務等收受相關的數據，也是一般認為不能用於其他業務的資訊。由於在職務上進行的問卷調查分析等，如果要以個人（或團體）的名義發表，應該先與主管商量，審慎討論，因為地方政府的問卷通常會向回答者保證僅用於該業務。

　　以上注意事項並非想澆熄各位研究發表的動力，如果是使用公開的統計資訊或可供使用的資訊所進行的研究，就應該積極發表。愈是內部進行的研究，如自主研究會或職場上的讀書會等，愈要留意對外發表，發表後將有機會把職務所得資訊徹底活用於該職務，並且提升職員本身的能力。

8　小結：進行文獻研究的時間

　　以上就是文獻研究的概要、方法，以及資料取得方法的介紹。最後作為小結，我想談談文獻研究在政策研究中該如何定位。

　　文獻研究是建立研究命題以及假設所必要的作業，可以說是在驗證假設（第4章）之前的階段主要做的事。然而，在驗證階段，假設經常會被否定，而需要新的假設，或是被要求修正，有時候甚至連研究命題都被迫修正。政策研究並非直線前進，有時候要往回走或是往旁邊走，無法只走一條路。每一次都需要重新閱讀文獻，在清單中加入新的文獻。此外，當

驗證假設後發現問題所在，就要擴展研究視野（範圍），**繼續新增文獻**，尤其在整理結果的階段會很需要這麼做。因此，文獻研究可以說是政策研究的每個階段都應做的事。

如同前述，透過文獻研究可能可以找到研究命題的解答，亦即獲得想知道的知識。此時或許要放棄研究，直接撰寫論文或報告，討論如何導入新政策。只要目的是解決問題，那麼當解決問題的解答出現，就表示目的已達成。不過，此時也應該需要討論所獲知識（例如問題的原因和解決方法）是否對自己關心的對象（自己居住的鄉鎮、自己工作的地方政府等）有效，是否真能解決問題。各位可以將驗證假設的方法論應用於該作業，那正是政策研究的核心。

第 4 章

驗證假設

理解控制條件的邏輯

　　至前一章為止，各位已經可以建立一個以上的假設，當作研究命題的暫定解答。而在這一章，我要介紹驗證假設的方法。

　　政策研究立基於政治學、公共行政學、社會學等社會科學，既然名稱內有「科學」，就代表社會科學講求透過極力排除曖昧模糊的方法，來導出所有人都能信服的結論。提到科學方法，或許有人會覺得困難，但其實想法單純明快，只要學會兩、三種基礎，就足以進行研究。社會科學的困難之處並不是學習方法論，而是難以獲得方法論中的理想條件，關於這一點，我會在後面說明。

　　本章介紹的驗證方法為（1）比較少量案例；（2）統計分析（比較大量案例）；（3）追蹤過程（詳細追蹤一個案例、案例研究）三種，再加上實驗的想法，說明就從實驗開始。之所以會加上實驗，是為了使各位容易理解該用什麼心態進行比較。

1　實驗

　　在自然科學中，為了解析自然界的法則，會進行**實驗**，例如使用高能加速器進行實驗，藉此探索基本粒子的性質和運動，或是為了了解重力的作用，而將物體從建築物落下。除了自然科學外，其他領域也會進行實驗。心理學家為了解析人類內心與行為的關係，會將學生聚集在實驗室進行實驗，給予受試者獎勵、模擬的懲罰，或是改變各種條件來測試反應，

相信各位都聽過這些實驗；經濟學也會模擬市場交易的狀態進行實驗。此外，最近還興起「社會實驗」。社會實驗原本的意思是將自然科學的實驗方法和實驗室的方法套用至社會現象，以探究問題的原因，確認政策效果。如果能順利執行，那在政策研究中也是可用來驗證假設的方法。因此，請先認識實驗的觀念，當作學習比較等驗證方法的出發點。

條件控制

　　實驗的基本觀念是將想探討的因素對象以外的條件設為相同，此觀念稱為**條件控制**。舉例而言，假如想知道肥料對於某種植物的效果，該設計什麼樣的實驗呢？我們可以將相同親株的苗栽種在水、光線、溫度等條件完全相同的地方，一組給予想研究的肥料，另一組不給予。如果經過一段時間後，兩組的生長狀況不同，就能判斷其原因在於肥料吧。之所以可以這樣下結論，就是因為兩組的差異僅有施予肥料和不施予肥料，其他條件全都相同。

　　同理，如果要調查藥物的療效，就會將患者分為兩組，一組（**實驗組**）投予藥物，另一組（**控制組**）投予和藥物外觀相同但無益無害的安慰劑，然後再比較兩組的療效。

　　為什麼要投予控制組安慰劑呢？這是因為服藥行為本身就可以帶來心理療效，提高治癒能力，或產生已痊癒的感受，服藥行為本身有可能產生藥物療效之外的作用。因此，假如不投予控制組任何東西，而實驗組卻有藥物療效外加心理作用，那麼比較出來的實驗組與控制組的差異，就很難斷言是來自藥物療效。換言之，之所以投予控制組安慰劑，就是為了使兩組之間除了投予藥物的作用以外的條件都設為相同，這也是為了將目標因素以外的條件設為相同的程序。

隨機化

　　謹慎的人可能會懷疑，雖然已經將投予患者的方式設為相同條件，但實驗組與控制組兩組真的都是相同條件的患者嗎？這是相當合理的懷疑，假如醫師考慮必要性與急迫性之後對重症患者投予新藥，對輕症患者投予

安慰劑，那麼兩組的條件就不能說是相同的了。即使結果顯示實驗組和控制組中症狀改善的患者數沒有不同，也無法說結論是藥物無效，因為治療方式依症狀輕重而異。因此，在分組的時候，必須使重症患者比率相等。

除了症狀輕重外，還有年齡、性別、病史有無等因素都會影響疾病痊癒的容易度。如果事先知道有哪些因素會影響結果，就可以在分組時平均分配。這個方法稱為**配對法**，是一種設計實驗的方法。但是，患者種類五花八門，除了年齡和性別，還有人種、體力強弱、長年生活習慣、家族病史等多種屬性，有許多屬性我們並不知道會不會影響結果，也無法保證所有因素都能設為相同條件，因此要採用隨機化來進行實驗。

所謂**隨機化（randomization）**，指的是使用擲硬幣或電腦隨機選擇的方式，隨機將實驗對象分為實驗組和控制組兩組（有時候完全隨機分配，可能無法保證等質性，因而會採用其他程序）。透過此方法，可以將年齡、性別、體力等影響結果的因素，視為在兩組之間的出現機率相等。各位請想像擲硬幣出現正反其中一面的情形，只要沒有任何一面變薄、變輕，即使一開始持續出現正面，持續擲硬幣之後，正反兩面的數量應該會各半。隨機化就是基於相同的統計學概念，雖然只擲硬幣幾次可能結果都是正面，但擲硬幣次數愈多，就愈接近各半，關於實驗也是如此，受試者愈多，就愈容易保證等質性。

重要的是將實驗組和控制組的條件設為相同，讓我們看看接近政策問題的具體案例吧。假如我們實驗的目的是為了確認協助年輕人就業的訓練課程效果，將某地區的年輕人分為兩組，只讓其中一組（實驗組）參加訓練課程，訓練結束後再與另一組（控制組）的就業率進行比較。那麼，如果此時讓研究對象自由決定要去哪一組呢？這麼做是因為，要是不讓年輕人參加訓練，那些想參加卻未得到機會的年輕人可能會心生不滿。

但是，採用這個方法後，即使結果顯示參加訓練的實驗組，就業率高於不參加的控制組，也無法下結論說此差異全來自訓練課程，因為主動參加訓練的人應該比不參加的人還要有幹勁，也比較努力找工作。或許訓練的確有效，但我們無法否認實驗組本身的幹勁可能也提高了就業率，這

就稱為**自我選擇偏誤（self-selection bias）**。換言之，這個實驗設計並未控制參加訓練與否以外的條件（例如參加者的幹勁）相同。

如果採用隨機化，用二分之一的機率抽籤分配參加訓練（實驗組）與不參加訓練（控制組）的組別，就可以避免自我選擇偏誤，至於男女比、工作經驗、年齡、希望的職種等影響結果的因素，也可以視為兩組等質。當然也可能偶然發生誤差，例如實驗組的年齡湊巧較大之類的狀況，但我們可以用統計方式檢驗兩組就業率的差異，究竟來自偶然還是訓練課程造成的差異（詳見後述）。

社會實驗

將上述觀念套用於社會現象則稱為**社會實驗**，近年來有例如「高速公路免費的社會實驗」的使用方法，日本政府募集各地試辦與評估計畫。不過，如果只談這個高速公路免費的政策，與其說是原始意義的實驗，看起來倒像是因為財政困難而難以全面實施，找藉口部分實施而已。即使退一步說政府有意調查成效，光有試辦可不算是社會實驗。假如基於前述觀念，想評估高速公路免費的成效，那該怎麼做呢？應該有必要針對一條路線，盡可能選擇兩個以上經濟狀況相同的時期，試辦收費、免費甚至降價等，然後測量各自產生的經濟成效吧。或許也可以選擇兩條以上地理位置和周圍經濟環境類似的路線，在同一個時期針對一部分收費，剩下的免費，經過一段時間後，比較該地的經濟狀況變化。無論採取什麼樣的方法，都必須仔細設計實驗，正確評估政策效果。

美國是過去盛行社會實驗的國家，進行過各式各樣的實驗，例如為了提升住在市中心之窮人的居住環境，而實施租屋補助，並且確認成效的實驗，或是測量降低受刑人再犯率的訓練課程成效的實驗。美國也發展了社會實驗方法，還曾盛行二次驗證實驗分析結果的研究。

為什麼日本沒有進行社會實驗呢？第一是因為社會實驗不容易進行，不僅要花錢，還有政治上和道德上的困難。假如前述的租屋補助只提供給特定族群，卻不給予其他族群，那會如何呢？肯定會引來不滿和責難吧。

這就是實施社會實驗的困難之處，這一點雖然美國也不是沒有，但尤其日本強烈規定要提供全國一致的服務，所以很難僅針對特定區域或特定群體試辦政策。第二個原因是日本的中央和地方政府，他們沒有興趣運用科學方法或客觀地評估政策成效。之所以沒有興趣，可能是因爲參與政策決定的人比起邏輯性和實證性，更過度重視政治共識。如果是這樣的話，希望能透過從本書學習政策研究的觀念，多少減緩這種傾向。

2 比較（比較少量案例）

在現實社會中，完成理想的實驗設計是一件困難的事，更何況我們政策研究不可能指望實驗。不過，或許能透過參與實務工作，偶然活用工作上獲得的機會，創造出近似實驗的情境。舉例而言，假如想研究如何提高居民的參與感，而且剛好有舉辦綜合計畫擬定工作坊的機會，那就可以從居民中隨機抽出參加者，進行有關參與感的問卷調查。透過觀察參加者在工作坊前後的心情變化，或是比較參加者與未參加的居民，或許就能了解工作坊對參與感的作用。不過，在現實中並不常有這種機會，而且即使舉辦了工作坊，隨機抽出的人實際來參加工作坊，就像是主動報名的人一樣，應該原本就是參與感較高的群體，因此很難排除自我選擇偏誤。

爲了避免遭遇上述困難，會需要替代方法，其中具代表性的方法就是**比較**。應該有很多人已經注意到，社會實驗也會進行比較，在實驗後評估政策成效時，比較實驗組和控制組。不過，在比較之前，會透過隨機化等方法建立理想的實驗條件，這一點與本節介紹的「比較」不同。社會科學之中的比較，是選擇適當的案例然後觀察，藉此設定如同實驗的條件，有時候則以邏輯思考，設定假設的條件。只要了解此套方法理論，任何人都可以導出具有說服力的結論。

社會實驗主要是爲了評估政策成效而進行，比較的目的也是評估政策成效，但也可以用來找出因果關係。政治學家河野勝在其著作《進入比較政治學》（河野、岩崎正洋編，日本經濟評論社，2002年）中，主張政治學領

域應專注在使用比較來找出因果關係。以下依據他的論點，說明比較的理論。

比較對象

　　首先是關於比較對象的論點，舉個簡單的例子，請想一想自己居住的鄉鎮（工作的鄉鎮）該和什麼比較。假設研究命題是「爲什麼公民共同生產沒有進展呢」，爲了回答這個問題，將哪一個鄉鎮拿來和自己的鄉鎮比較才有意義呢？一般會選擇附近的鄉鎮，或是新聞介紹過擁有先進共同生產計畫的鄉鎮對吧？我認爲這個想法很適當。

　　那麼企業如何呢？如果主題是組織狀況和職員意識的話，比較地方政府和企業或許能獲得有趣的發現。田尾雅夫的《公共行政服務的組織與管理：地方政府的理論與實況》（木鐸社，1990年）就是比較地方政府組織與企業組織的著名研究。但如果主題是公民共同生產，與企業比較可能無法順利研究吧。即使企業也會與公民接觸，將公民視爲顧客或消費者的角色還是比較強烈。

　　那麼，如果與具有公民共同生產風氣的外國比較又如何呢？將國家層級拿來與鄉鎮（地方政府）比較，很有可能會發生問題。若是與外國的地方政府實際案例比較，視用心程度而定，或許能順利研究。

　　有鑑於此，與日本的地方政府比較，是最有機會順利研究的選擇。但即使如此，假如你居住的鄉鎮規模小，卻與東京的千代田區之類的地方比較，出於規模和權限等條件上的差異，很有可能會產生困難。只不過，某些比較的方法是可行的，關於這一點，將於後面敘述。

　　也有只聚焦於自己鄉鎮的比較方法，包含兩種設定方法，一種是比較自己鄉鎮的過去與現在，例如針對前一個鄉鎮首長與現在的鄉鎮首長任職期間，比較兩者的公民共同生產狀況，或許可以發現首長的態度對於公民共同生產的影響，這種從兩個以上的時期比較相同對象的方法稱爲**歷時性比較**。另一種方法是將自己的鄉鎮分成幾個區域，然後比較各個區域，稱爲**共時性比較**，因爲比較相同時期的不同對象，所以名稱爲「共時」。這

一點涉及第1章介紹的如何設定分析單位的問題，通常會將鄉鎮的分析單位往下降一個層級，來設定分析單位。此外，與其他地方政府比較，也算是一種共時性比較。

先不論名稱為何，比較對象是比較時最重要的重點。如何選擇對象取決於比較方法，方法分為差異法和一致法，以下依序介紹。

差異法：比較順利的案例和失敗的案例

首先，**差異法**是著眼於比較案例之差異的方法。以驗證「當居民之中有熱心的領導者，公民共同生產風氣就會熱絡」之假設為例，只要比較有公民領導者的A鄉以及沒有公民領導者的B鄉（實際上很難確認B鄉沒有領導者，但在此先忽略不管），顯示A鄉的公民共同生產風氣熱絡，B鄉不熱絡，就可以說公民領導者的有無會左右公民共同生產風氣，亦即驗證了公民領導者之假設。這種透過比較不同自變項（公民領導者的有無）的案例來顯示依變項（公民共同生產風氣的熱絡程度）不同的方法，就是差異法。

學過實驗觀念的各位，應該會覺得目前聽起來不太妥當吧？上述做法並未排除公民領導者以外，可能造成A鄉和B鄉的公民共同生產風氣差異的因素，因此我們需要控制驗證對象以外的自變項。話雖如此，這並不是實驗，我們無法加以操作，不過我們可以尋找驗證對象以外的自變項相同的案例來比較。舉例而言，一般認為地方政府的規模、都市化程度、首長的政治態度等因素會影響公民共同生產風氣。在規模小的地方，居民與政府的距離較近，比較容易共同生產（但或許規模大的地方政府較容易分配預算或人員至共同生產業務）。在都市化程度高的地方，居民容易對地方上的問題漠不關心。首長態度積極的話，共同生產業務應該會增加。

只要A鄉和B鄉的以上條件不同，我們很難判斷究竟是領導者發揮作用，還是規模等其他因素發揮作用，所以無法做出結論。必須盡量確保居民領導者以外的條件相同，尋找相同規模和類似的都市化程度，且雙方首長都對公民共同生產消極的鄉鎮。

圖表4-1　驗證關於公民共同生產的居民領導者之假設（差異法）

		A鄉	B鄉	C市
依變項	公民共同生產風氣	熱絡	不熱絡	不熱絡
自變項1	居民領導者	○	✕	✕
自變項2	首長的政治態度	積極	消極	積極
自變項3	人口規模	小	小	大

　　這一點和實驗觀念相同，但由於無法如實驗般透過隨機化達到相同條件，因此要透過尋找類似案例，接近實驗標準。要找到所有條件都相同的鄉鎮實屬不容易，尤其當自變項超過兩個，困難度會更高。此時就要如同圖表4-1所示，增加案例數。透過比較A鄉和B鄉，了解相同規模也會產生不同的公民生產風氣，因此可以自原因中排除規模，但還無法判斷究竟是領導者的有無還是首長的政治態度在發揮作用。因此，要加入C市的案例繼續比較。C市的首長積極推動共同生產，但沒有居民領導者，在此條件下的公民共同生產風氣並不熱絡。於是，我們可以下結論，即使首長積極，公民共同生產風氣仍不熱絡，居民領導者的存在相當重要。

　　因為差異法運用和實驗相同的理論，只要找到驗證對象以外的自變項條件相同的案例，就可以證明假設，並做出結論。但在現實中，要找到這種理想的案例是很困難的事。當自變項愈多，就愈難控制條件，因此必須增加案例數才行。反而是比較相同地方政府的不同時期，或是縮小比較單位，比較相同地方政府中的不同區域，都更加容易控制條件。重要的是不執著於比較不同地方政府，也要適時考慮各種方法。

一致法：只比較順利的案例

　　一致法指的是選擇依變項相同的案例來比較的方法，例如只選擇公民共同生產進展順利的地方政府。如果是為了尋找公民共同生產的秘訣而進行調查，或許這是很普遍的想法。就像去觀察幾個先進地方政府，就能漸漸看出該怎麼做。一致法也是蒐集進展順利的案例，尋找其中共同的因素。如果能發現每個案例都有居民領導者，就能大致上支持居民領導者之

假設。

不過，請各位要注意這只是「大致上支持」，即使十個順利的案例都有領導者，也無法否定第十一個順利的案例可能沒有領導者，一旦發現這種案例，假設的信度就會下降，如同圖表4-2所示的案例1。即使所有順利的案例都確認到假設成立，也無法否定存在自己未注意到的其他因素作用。

更容易出現的狀況是所有地方政府和地區都有居民領導者，如果每個地方都有，那公民共同生產的案例當然也都有。只挑選公民共同生產的案例去觀察，有可能就會漏掉有居民領導者但沒有公民共同生產的案例，也就是圖表4-2的案例2。實際上要是觀察到很多那種案例，就不得不懷疑居民領導者之假設了。

前面說「去觀察幾個先進地方政府，就能漸漸看出該怎麼做」，但其實這裡說的觀察，也必須注意不要掉入一致法的陷阱。舉例而言，在制定自治基本條例前，先去觀察幾個先進的地方政府，結果發現每個地方都會舉辦居民的工作坊，並且花時間協議，訂定公部門與居民都認同的條例。因此，自己也希望依循同樣的程序制定條例，如此一來自治基本條例就能發揮作用。做出這個結論好嗎？其實未必有保證，因為你或許看漏了其他使條例發揮作用的因素，例如先進的地方政府都有與居民共享資訊的經驗，以及由公民參與長期累積的公部門經營體制，這些才是使自治基本條例發揮作用的因素，如果是這樣的話呢？嚴謹的條例制定流程，只是發現

圖表4-2　驗證關於公民共同生產的居民領導者之假設（一致法）

		10個順利的案例					案例1	案例2
		A鄉	D鄉	E市	……	L鄉	M市	N鄉
依變項	公民共同生產	熱絡	熱絡	熱絡	……	熱絡	熱絡	不熱絡
自變項1	居民領導者	○	○	○	……	○	×	○
自變項2	首長的政治態度	積極	消極	積極		消極	積極	消極
自變項3	人口規模	小	小	大		小	大	小
未知因素？		○	○	○		○	○	×

從過去累積至今的居民與公部門間的關係罷了。即使觀察表面並模仿，也不可能使條例順利發揮作用的。

　　另一個方法是比較最具差異性的案例，這和實驗的觀念不太一樣，做法是選擇只有自變項X一致、其他變項全部不同的案例。然後觀察依變項Y，如果能觀察到相同的結果，就能提高Y起因於X的信度。由於除了想驗證的自變項以外的條件最好都要不一樣，所以選擇隔壁鄉鎮作為比較對象可能會不太順利，畢竟鄰近的鄉鎮在很多地方應該都很相似。反而選擇前面說過難比較的千代田區，來和自己的小鄉鎮比較會更可行，這就是為什麼前面說「某些比較的方法是可行的」。

3　統計驗證（比較大量案例）

　　在介紹差異法時，我建議過各位應討論的自變項變多時，就增加比較的案例數。那麼，如果案例數來到兩位數，該怎麼辦呢？把圖表4-1擴大後還能判斷嗎？我想應該會變得很混亂，更何況當案例數超過30，應該會讓人束手無策。這種時候，就要運用統計方法來控制自變項。

　　此外，如果自變項和依變項的值不是「有」、「無」、「大」、「小」，而是面積或人口等數字，那又該怎麼做呢？我們可以畫出一條線來區分大小，例如設定人口5萬以上的人口規模為「大」，未滿5萬人為「小」。如此區分大小或大中小後，要素會變簡單且容易處理，但也會失去豐富的資訊，實屬可惜，而統計分析就是盡可能運用數字資訊來驗證的方法。

　　如同第3章的介紹，最近透過網路很容易獲得統計資料，只要畫出簡單的表格追蹤指標變化，就能透過各種發現來確認假設。再者，只要使用統計分析，不僅會擴大能處理的主題範圍，還可以嚴格驗證假設。此外，各位經常使用的試算表應用程式，都標準配備基本的統計分析工具，即使沒有特殊的統計軟體，使用試算表應用程式也能做到基本的分析，本節將介紹使用微軟的Excel進行基本統計分析的方法。

　　在介紹之前，請先注意，如果只用半吊子的知識進行統計，有可能會將研究導向錯誤的結論。這項忠告不是用來澆熄各位的熱情，而是希望有心想正式學習統計分析的讀者，不要只閱讀本書的一節就滿足，請趁這個機會有系統地從基礎開始學習吧。對學生而言，上統計課是最佳方法，而實務工作者有預算的話，可以到附近的大學上統計課，或是參加統計公司開設的研習，不過我想也有許多人是利用統計學教科書來自學吧。行政機關裡應該有學過統計的職員，自學的人可以多請教這些同事。各位也許不知道，其實在大學專攻社會學、心理學、經濟學的人，以及在技術職的職員中，都有學習過統計或其基礎數學的人。我自己後來曾在研究所上過統計課，不過一開始教我基礎的老師，其實是職場上同期的技術職員，以及研究所上的前輩。

基本統計量

　　如果有針對自己鄉鎮的一萬戶家庭調查的家戶人數、居住年數、戶長年齡和年收等資料，該如何捕捉特徵並向他人述說概要呢？要把一萬筆資料做成表格交出去嗎？那樣的話，看的人也會看得很辛苦。一般會加總後平均，然後表達此鄉鎮家戶的特性吧？這種將資料彙整表示特徵的做法就是**基本統計量**，又稱爲**概述統計量**。

　　經常使用的基本統計量包含總和、平均數、變異數、最大值、最小值、中位數等，**變異數**指的是資料的離散程度，以數值表示各個資料（案例）離平均數多遠，是集中在平均數附近，還是各自分散。**中位數**則是指將資料依大小順序排列後，位於正中間的值。如果有49個資料，中位數就是第25個資料的值；如果有50個資料，那中位數就是第25和第26個資料的平均數。

　　這些基本統計量的計算方式，可以用Excel介面上方的「資料」標籤的「資料剖析」進行。在剖析工具中點選「基本統計量」，就會出現設定視窗，接著指定輸入範圍（按一下輸入範圍右邊的按鈕，就能用滑鼠指定範圍），並在「摘要統計」欄位打勾，就可以輕鬆獲得前述的統計資訊。

如果初始設定中沒有安裝分析工具箱（工具列中沒有分析工具箱），請從增益集啓用分析工具箱。

各種圖表和柱狀圖

　　專家光看平均數、變異數等基本統計量，就能大致理解資料分布，但若要直覺地抓住資料特徵，使用圖表更有效。圖表分爲各種類型，有顯示各項目的量或度數的**長條圖**、顯示測量值變化的**折線圖**、顯示比例的**圓餅圖**等，我想這些各位都很熟悉。長條圖之中還有**堆疊長條圖**，有兩個以上的資料系列時，可以堆疊數值或百分比。如果想累積顯示觀測值的變化，也可以使用**面積圖**。使用Excel建立這些圖表的方法，是選取想做成圖表的資料儲存格範圍，按一下介面上方的「插入」標籤，然後選擇想插入的圖表圖示。如此操作可以建立基本的圖表，接著請適當調整版面、資料範圍和圖表種類等，自行嘗試設計圖表外觀。

　　Excel的分析工具箱裡，有繪製直方圖的功能。**柱狀圖**指的是以一定範圍切割資料，統計各範圍內的樣本數之後繪製成的圖表，用於顯示資料分布。使用Excel繪製直方圖的方法，是在分析工具箱中點選「柱狀圖」，然後在對話方塊中設定輸入範圍，勾選「圖表輸出」和「累積百分率」，如此設定後即可讓Excel自動切割資料並繪製柱狀圖。除此之外也可以指定切割範圍，在工作表輸入切割資料用的數列，然後設定爲對話方塊的組界範圍即可。

　　圖表4-3是以千人爲分界的日本町村人口規模柱狀圖，顯示人口5000人以上未滿6000人的町村數最多，剩下的町村多數集中分布於該數前後。

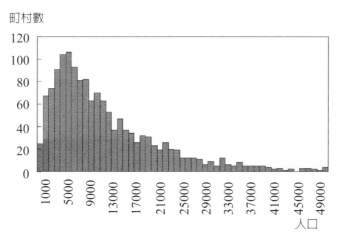

圖表4-3　　柱狀圖的例子：各人口規模的町村數

出處：筆者依據2005年國勢調查繪製而成。

散布圖與相關係數

　　以上就是顯示資料特徵的統計概念，接著要介紹描述兩變項之相關性的概念，可以用來驗證關於因果關係的假設。以身高和體重的關係為例，身高愈高的人，體重就愈重。雖然也有又矮又胖或高瘦型等各式各樣的人，不過以整體趨勢而言，愈高的人會愈重，這個現象與第2章舉的親子身高關係的例子一樣，而**散布圖**就是顯示這種關係的圖表。

　　使用Excel繪製散布圖的方法，是設定資料範圍，從插入標籤點選「散布圖」。例如圖表4-4是以所有日本的城市為對象，X軸代表都市化程度指標的第一級產業就業人口占比（從事農林水產業的人口比例），Y軸代表高齡化的65歲以上人口比例。此圖表整體呈現正比，第一級產業就業人口愈高，即都市化程度愈低，高齡化進展就愈嚴重。換言之，「都市化程度」之變項與「高齡化程度」之變項間有相關性（關於相關性已於第2章說明）。

　　相關係數是以數值表示這種相關性的強度，最常使用的是皮爾森相關係數，取0至1的值，愈接近1（或-1）代表兩者相關性愈強。皮爾森相關係數為正數時，兩變項之間為**正相關性**；係數為負數時，兩者之間為**負相**

65歲以上
人口比例（%）

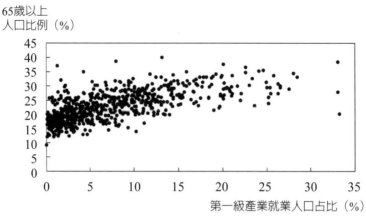

第一級產業就業人口占比（%）

圖表4-4　散布圖的例子：都市化與高齡化

出處：筆者依據2005年國勢調查繪製而成。

關性：接近0則為**無相關**。相關係數為1時，如果繪製成圖表，所有資料都會在某條斜線上。在現實社會中，這種情形幾乎不太發生，通常是如圖表4-4般分散。

　　使用Excel求出相關係數的方法，是從分析工具箱點選「相關係數」，在對話方塊中設定輸入範圍和分組方式。圖表4-4的都市化與高齡化相關係數r＝0.68。根據前群馬大學教授青木繁伸的網站，相關係數0.0至0.2之間為「幾乎無相關」，0.2至0.4之間為「稍微有相關」，0.4至0.7之間為「相當有相關」，0.7至1.0之間為「有強烈相關」。因此，0.68算是相當有相關。此外，即使相關係數大，也僅代表兩變項之間有相關性，不保證兩者之間存在因果關係（關於因果關係請見第2章）。

　　順帶一提，青木教授為流行病學專家，其開設的網站（http://aoki2. si.gunma-u.ac.jp）在學習統計的人之間相當有名。在網路上搜尋關於統計的問題，一定會看到這個網站。如果各位想先閱讀統計的入門書，我推薦青木繁伸的《解讀統計數字的知識：為什麼立刻知道當選？》（化學同人，2009年）。

交叉表

　　分析問卷調查的資料時會用到**交叉表**（交叉分析表），運用性別、鄉鎮市區等**類別資料**製作而成。我們會將鄉鎮人口等資料，重新分類為未滿5萬人、5萬人以上未滿20萬人、20萬人以上等類別資料，再拿來使用。

　　圖表4-5是對大學生實施性別與是否有車的問卷調查，並將調查結果做成交叉表（虛構的資料）。一般而言，依變項顯示於列（擁有車／沒有車），自變項顯示於欄（性別），並且採橫向統計資料。如果將依變項和自變項對調，則要縱向統計，在最後一列加上百分比。圖表4-5的第一行是觀測數（人數），第二行則以括號記載百分比。也有人只記載百分比，並僅於合計欄位中寫上實數，只要將各欄位的百分比乘上合計的觀測數，即可求出各欄位的觀測數。

　　透過交叉表，可以看出依變項的百分比是否因自變項的類別而異，亦即看出擁有車／沒有車的比例是否男女有別。此時，也可以看最後一列的合計欄位所顯示的全體傾向，是否與各自變項的類別所顯示的傾向不同（依據現實觀察相對全體傾向的偏離程度之檢驗觀點；在此省略詳細說明）。以圖表4-5為具體例子，最後一列顯示全體傾向為擁有車者占48.0%，沒有車者占52.0%，而女性則為擁有車者占37.8%，沒有車者占62.2%，相較於全體傾向，女性擁有車的比率較低，可解讀為男性擁有車的比率較高。

圖表4-5　交叉表的例子

	擁有車	沒有車	合計
女性 (%)	28 (37.8)	46 (62.2)	74 (100.0)
男性 (%)	44 (57.9)	32 (42.1)	76 (100.0)
合計 (%)	72 (48.0)	78 (52.0)	150 (100.0)

多元迴歸分析

　　上述相關係數、散布圖、交叉表都是探討兩個變項之間的關係，光靠這些分析並無法否定其他隱藏變項作用的可能性，或許是其他隱藏變項使這兩個變項看似有相關性。因此，必須運用方法同時處理兩個自變項，使關注的自變項變動，保持（或控制）其他自變項固定，測量想觀察的自變項帶給依變項的效果。如果要運用目前介紹的方法，可以使用淨相關係數或多重交叉表，不過最常使用的是多元迴歸分析。

　　多元迴歸分析（multiple regression analysis）指的是運用數學方法，如同實驗或比較的做法，控制想觀察的變項以外的變項。要能善用多元迴歸分析，就必須從基礎開始學習統計學。本書不會從頭介紹多元迴歸分析，但許多研究政策和社會問題的論文都會使用多元迴歸分析，如果一無所知，閱讀那些論文時就只能跳過相關段落，這實在很可惜。為了讓各位大致了解論文裡的內容，以下僅說明多元迴歸分析能釐清什麼，尤其是表示結果的方程式和表格具有什麼意義。

　　使用多元迴歸分析，可以釐清依變項和自變項的關係──各個自變項對依變項帶來多少影響（控制其他變項的影響）。換言之，多元迴歸分析是用多個自變項x_1、x_2……等來預測依變項y的方法。最基本的多元迴歸分析，是預設y和x為線性關係（畫在圖上呈現一條直線的關係），並將資料寫成以下**迴歸方程式**：

$$y = a + b_1 x_1 + b_2 x_2 \cdots\cdots ①$$

然後求出a、b_1、b_2的值。在此，可視情況增加自變項的值。

　　多元迴歸分析的結果可以寫成迴歸方程式或後述的表格形式。寫成方程式時，會透過迴歸分析將求出來的值寫在a、b_1、b_2的位置。例如：

$$y = 14.671 + 0.735 x_1 + 0.342 x_2 \cdots\cdots ②$$

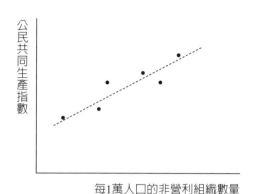

圖表4-6　散布圖與迴歸方程式的組合

以上數字為虛構。假如y是公民共同生產指數（以某種指標測量公民共同生產程度），是每1萬人口的非營利組織數量，為居民領導者的有無（有：1，無：0），那我們可以從方程式②的係數預測當每1萬人口的非營利組織數量增加1，公民共同生產指數就會增加0.735，而在有居民領導者的鄉鎮，公民共同生產指數會比沒有領導者的鄉鎮高0.342。

　　如果你讀過政府機關的報告書，應該有看過如圖表4-6般畫了直線的散布圖。這是在散布圖上，將只投入一個自變項做迴歸分析（單迴歸分析）的結果，畫成迴歸直線。由於此處只有一個自變項，迴歸方程式的寫法如方程式③，b_1為迴歸直線的斜率。

$y = a + b_1x_1$ …… ③

各位應該也很常看到論文以圖表4-7的形式記載多元迴歸分析的結果，這種形式的依變項會寫在內文中，或是表格的某處。圖表4-7是以第一欄的五個自變項推估「××××××」之依變項後記載的結果，前述方程式①至③和圖表4-7的自變項組合起來可以稱為**推估模型**或**模型**。

　　接下來介紹如何解讀圖表4-7，B（尚未標準化的係數）欄記載的數值就是方程式①的a（常數）和b_1、b_2……例如第二列的10.176是自變項

1的係數。*B*欄的旁邊是**標準化迴歸係數**（Beta），可以互相比較自變項帶給依變項的影響。由於自變項的單位各異，即使比較各自變項的係數（*B*），也無法了解哪一個自變項對依變項造成的影響比較大，但比較標準化迴歸係數，就能知道自變項2的影響比自變項1大。

　　表格下方的*N*代表此分析中使用的資料量，R^2（**判定係數**）則代表此模式對依變項的解釋力——迴歸方程式與資料的配適度。R^2愈接近1，與資料配適得愈好。

　　表格最右邊是*p*值，代表迴歸分析得到的係數在統計上有多大的意義，如同後述，這是用來判斷係數是否為偶然獲得的標準。當*p*值愈小，就愈能得到不是偶然的結論，亦即自變項顯著影響依變項。另一種標示方法是，將*p*值的欄位省略，在低於一定的標準值（例如：$p = 0.01$）時，才會在係數旁邊標示**等符號。*t*值也是另一種判斷標準，當*t*值愈大（超過一定的值），就愈能代表其為期望的結果。

　　*p*值的概念不容易理解，為了幫助各位理解，以下介紹統計分析的驗證觀念。

圖表4-7　以「××××××」為依變項的多元迴歸分析

	B	標準化迴歸係數	*t* 值	*p* 值
常數	9.635		.462	.645
自變項1	10.176	.254	6.862	.000
自變項2	.471	.275	7.512	.000
自變項3	2.535	.086	3.097	.002
自變項4	7.190	.128	4.432	.000
自變項5	-.610	-.146	-4.627	.000
N	826			
R^2	.440			

資料來源：筆者繪製，數字使用卷末的演習案例。

虛無假設與顯著水準

　　首先介紹用語。大學生、日本鄉鎮等整體研究對象稱爲**母體**（**population**），從母體中選出用來驗證的資料稱爲**樣本**（**sample**）。樣本被抽取出來反映母體特徵，所以在樣本上成立的假設被認爲也能在母體上成立，如同民調訪問根據一定法則抽取作爲樣本的選民，被認爲是顯示出日本全體選民（母體）取向的調查。一般而言，樣本數愈多，愈接近母體的取向，民調的樣本數多達上千人也是這個緣故。

　　因此，建立假設後的驗證作業，是在建立關於母體的假設後，選出樣本來驗證其是否成立。使用統計分析時，會明確注意到這一點；使用案例研究（後述）或比較時，只要是爲了確定該假設在一般社會或整個地方政府上成立，也會默默地依循此理論，這是社會科學方法論近來的潮流。

　　透過統計分析驗證時，會使用虛無假設的概念，**虛無假設**（**null hypothesis**）（標示爲H_0）會否定想驗證的假設（標示爲H_A）。以前面的公民共同生產的例子來看，想驗證的假設是「居民領導者的有無會影響公民共同生產指數」，如果寫成貼近迴歸分析的寫法，就會變成：

H_A：居民領導者變項之係數（b_2）$\neq 0$

而虛無假設爲「居民領導者的有無不影響公民共同生產指數」，可寫成：

H_0：居民領導者變項之係數（b_2）$= 0$

透過統計檢定，如果判斷拒絕虛無假設（不成立），就能得到原本想驗證的假設獲得支持（或至少不被否定）的結論，亦即「居民領導者的有無不影響公民共同生產指數」之虛無假設（H_0）被拒絕，「居民領導者的有無會影響公民共同生產指數」之假設（H_A）獲得支持。要判斷是否拒絕虛無假設，就必須著眼於這次用來驗證的樣本是「偶然」發生，抑或不論使用多少不同樣本都能得到同樣的結果。

在這裡，我們要使用p值，p值代表的是虛無假設「偶然」成立的機率。假如p值為0.03，代表從母體抽取100次樣本來調查，其中有3次虛無假設成立；如果p值為0.1，那就代表100次裡有10次虛無假設成立。要是100次裡只有1次虛無假設成立，那就可以說是很罕見，所以可以拒絕。那10次算多還是少呢？必須畫一條線來界定。各位閱讀論文時應該會注意到類似「以5%為顯著水準」或「$p < 0.05$」的敘述方式，這就代表以100次裡有5次虛無假設成立為標準。要是看到「以1%為顯著水準」（$p < 0.01$），代表100次裡有1次虛無假設成立，是更嚴格的標準。論文撰寫者所決定的這些5%或1%之標準稱為**顯著水準（significance level）**，假如p值小於顯著水準，就會判斷「假設成立」，論文裡會寫「在統計上具有顯著性」。

我們回到圖表4-7，五個自變項的p值都小於0.01，所以這些變項的係數在統計上都具有顯著性，可做出結論說明這些變項的假設獲得支持。

坊間有許多詳盡的統計學教科書，也有淺顯易懂的多變量分析教科書，如果想學習上述統計學基礎和多元迴歸分析，請多加閱讀這類書籍。順帶一提，增山幹高、山田眞裕的《計量政治分析入門》（東京大學出版會，2004年），是一本學習進階統計方法和多元迴歸分析的參考書，以政治學的研究案例為主，也舉了關於補助金、公共事業等政策學的案例，不僅實用，對初學者而言也容易學習。

4　詳細追蹤一個案例

實驗、比較、統計分析等方法都是研究的好工具，但如果想探討因果關係，詳細調查身邊的案例或特徵明顯的案例應該是最自然的想法吧。而且，詳細觀察一個案例，也是有效驗證假設的方法。這種方法叫作**過程追蹤（process tracing）**，有時候會單純稱為**案例研究**。

以我反覆介紹的公民共同生產為例，可以想到的作法是前往公民共同生產風氣熱絡的地方政府，訪問當事人（政策承辦人員或居民領導者

等），了解由誰發號司令、誰影響了哪些人、如何進行、誰是關鍵人物、有什麼阻礙、如何消除阻礙等等，相信在詳細調查與整理來龍去脈的過程中，能自然而然釐清公民共同生產成功的原因。

案例研究的驗證方法

　　這類案例研究（case study）有許多方法，第一個是藉由將預先建立的假設與案例研究結果對照，可以確認假設是否正確。這種驗證方法尤其使用於案例數有限，但對社會造成龐大影響的研究問題，例如核災發生原因和處理速度慢的原因。要提高這種方法的說服力，最好基於理論建立假設，以預測的形式來呈現假設。換言之，基於理論預測事情發展，確認實際觀察的結果與預測發展相同，藉此主張該假設與做為基礎的理論是正確的。但是，運用此方法驗證的案例只有一個，也有人認為說服力不如比較或統計分析的驗證。

　　第二個方法是假如案例包含豐富資訊，即使只有一個案例，也可以將其分為好幾個小案例，例如大災害發生時的對策和應對中，假如各個事件是依序或同時發生，可以依各個事件或場合分割，並將分割後的案例視為研究單位，就能設計差異法比較。這種作法類似於將一個地方政府以不同區域和時期區分，各自當作獨立的分析單位來比較。

　　要是無法設計差異法，也可以觀察該案例以確認是否能毫無矛盾地說明觀察後獲得的各種資訊（關於決策、行為、事件等觀察結果），藉此測試假設的正確性，亦即累積狀況證據的驗證方法，此為第三個方法，經常用於政策過程論的研究中。如果要了解政府為什麼做了某個災害應對，或是A國為什麼以強硬的姿態進行外交談判，最終都必須詢問決策者的說明，但通常決策者不會說明，或者即使說明了也並非事實，這種時候，就要建立決策相關假設，確認該假設是否能毫無矛盾地說明從外部觀察到的各種事件。

　　第四個針對僅有一個案例之假設的驗證方法，是透過該案例揭示基本原理。如果能說明該案例不是特殊案例，而是代表大多數狀況的案例，透

過詳細觀察該案例，揭示結果的發生機制，就能主張未被觀察的大多數案例背後也有同樣的原理在運作。這種想法如同「雖然大部分的地方政府不會跟隨財力雄厚的東京都所實施的新政策，但如果規模和財力平均的地方政府實施該政策，那麼自己的城市或鄉鎮就會認爲有可能順利實施，於是開始討論類似政策」。

第五個方法是特地選擇特殊案例，選擇理論上假設最難成立的案例，如果研究結果顯示該案例如假設般成立，就可以主張假設的正確性。連最難成立的案例都能適用此假設，那其他案例當然也能適用。以前述例子而言，此想法如同「連某個小鎮都可以實施該政策了，那麼自己的城市當然也可以實施」。

更廣泛的案例研究使用方法

案例研究還有其他的使用方法，其中最常被拿來用在建立假設。我在第2章已經介紹過如何透過案例研究導出假設，而在講述社會科學方法論的教科書中，也經常強調案例研究的意義在於建立有關因果關係的假設和理論。這是第六個方法。

第七個方法是將案例研究用於反證，**反證**指的是提出不符合理論的事實，或主張不符合理論。反證也是一種驗證，尤其會在必須修正理論，或說明新理論的必要性時進行。例如，2009年的諾貝爾經濟學獎得主伊莉諾・歐斯壯（Elinor Ostrom）針對公有地的悲劇（tragedy of the commons）這個「理論」提出反證。**公有地的悲劇**以公有地比喻所有人都能使用的財產和資源，正因爲所有人都能使用，對於該財產和資源的維護管理就會交給努力的人做，最終被過度利用、搶奪、破壞，直到無法復原爲止。舉凡水產資源、地下水、溫泉等之現況都符合此理論預測的結果，但歐斯壯以常見的傳統社會的灌溉資源爲例，說明其爲共同使用的資源，使用者會克制在一定限度範圍內使用，並且投資維護管理，使其能永續使用。歐斯壯還透過觀察多個案例，抽取出使公有地（共用資源）持續可用的條件。

　　第八個方法是將案例研究、過程追蹤用於找出變項的具體關聯時，這個方法可以單獨使用，也可以作為驗證的一部分作業。假如透過比較或統計分析知道X與Y具有很強的相關性，那麼X是如何作用而引發Y呢？X與Y之間真的有因果關係嗎？可以透過追蹤案例來確認後者。

　　如同第2章所述，即使確認X與Y的相關性，也不能說Y一定起因於X，因為有可能是相反的因果關係或虛假關係。第2章只提及應預設X早於Y發生，而要確認究竟是否如預設所述，那就是案例研究的範疇了。如上所述，如果能找出X如何引發Y，那麼假設就能獲得更強的支持了。

　　第九個方法在第2章介紹過，設定理想型，再檢視案例研究的結果與該理想型的乖離程度，並推論出假想原因。這是一種比較的方法，但實際觀察的案例只有一個，因此放在這裡介紹。

案例研究的記述法

　　與分析統計不同，案例研究專門以文章記述的方式呈現。雖然案例研究的記述中當然包含地區人口或個人年齡等數值資料，有時候甚至由列表、表格、記述統計組成一個「案例」，但主要仍以文章記述呈現。

　　案例的記述方式並沒有唯一解答，所以並不容易。如果想精準描繪案例的特徵，只要有資訊在手，就可以永無止境地記述下去。而且，該如何從豐富的資訊中選擇及記述，取決於寫手，也會受到前兩大段所述的使用目的左右。請各位思考三個論點，第一是篇幅要多長？第二是要記述什麼樣的資訊？第三是應該直接傳達並且不要篩選資訊，還是只記述驗證假設所需的資訊？這些論點互相有關，所以我一起介紹。

　　實際上，大多數時候，記述的篇幅長短取決於論文的字數限制，各個案例分配到的份量則取決於論文字數限制及案例數。如果是本節說的單一案例，就可以將大部分的篇幅分給該案例，仔細地在一個案例中記述發現因果關係的過程，因此可能需要不少篇幅。如果是使用多個案例進行比較，重點會放在比較分析多於案例記述，使用於案例記述的篇幅應該會比較少，然後還會再分配給各個案例，所以必須簡潔記述要點。此外，如果

目的是描寫案例本身，應該可以寫得長一點，但仍應將重點放在驗證假設和分析，分配給案例記述的篇幅難免會變少。

順帶一提，在政策過程論的研究中，經常會詳細追蹤一個案例。關於資訊的整理和分析方法，各位可以參考草野厚的《政策過程分析入門》第二版（東京大學出版會，2012年）。

5 「假設獲得驗證」是指什麼？

前面介紹了驗證假設的方法，那麼，出現什麼樣的結果可以說是假設獲得驗證呢？試著以驗證「當居民之中有領導者，公民共同生產風氣就會熱絡」之假設為例思考，使用第2節介紹的差異法，獲得圖表4-1的結果。這項結果代表只靠居民領導者的有無可以說明公民共同生產風氣的熱絡程度，其他原本認為會影響公民共同生產的首長政治態度和人口規模則無關係。這是假設如預測發展的結果，可以說是假設獲得了驗證，但請別忘了可能存在未討論到的未知因素作用。

接著換另一種，以使用統計方法的驗證為例思考，要驗證的假設是「非營利組織（以人口來看）愈多，公民共同生產風氣就愈熱絡」。假如以某個指標測量公民共同生產程度，描繪出散布圖，獲得圖表4-6的結果。為了進行嚴密的驗證，將人口規模、都市化程度、首長的政治態度、居民領導者的有無和熱忱等其他變項控制為相同條件，必須使用多元迴歸分析等方法。但是，從圖表4-6的散布圖可以知道，每1萬人口的非營利組織數量與公民共同生產指數具有相關性，因此可以說是獲得了如同假設的結果。

只要假設能說明相關性，就可以主張該假設已獲得驗證。如果要假設公民共同生產風氣熱絡起因於非營利組織多之因果關係，就要進行前一節介紹的案例研究，確認原因先發生，釐清原因造成結果的機制，才能下結論說假設獲得了驗證。

此外，進行統計驗證時，會使用前述的虛無假設。由於統計分析偏好

慎重的表達方式，通常會說假設「獲得支持」。這代表在反證出現以前，都算是假設「獲得驗證」。

基於驗證結果得到假設獲得支持的結論時，請回想在驗證作業前進行的操作化程序。第2章介紹過操作化，指的是讓建構假設的概念可以觀察和測量。在驗證作業結束後再次回來討論假設時，如果能（在腦中）意識到自己正在反推操作化，應該就能透過考察假設之適用範圍，來防止無用的混亂和跳躍性思考。

舉個簡單的例子，為了驗證「都市化程度愈低的地區，高齡化就愈嚴重」之假設，使用了圖表4-4的散布圖。嚴格而言，此時進行的是將「都市化」的概念操作化，替換成「從事都市產業的人口比例高的狀態」，並使用第一級產業就業人口占比作為指標。都市化程度愈高，該指標就愈低（如果不好懂，請自行換成第二級產業就業人口占比和第三級產業就業人口占比合計）。圖表4-4呈現了該指標與高齡化的相關性，但只能確認到高齡化與第一級產業就業人口占比的相關性。由於第一級產業就業人口占比代表都市化程度，可以進一步說明都市化與高齡化之間有相關性，因此假設成立。

此外，代表都市化的指標也可以使用人口集中區域的人口比例，需要綜合人口和公司行號統計等各種資料做成合成指標。如此一來，第一級產業就業人口占比不能適當地代表都市化程度，或許可以因此批評結論不正確。

6 如何處理驗證結果：常態化和解釋

驗證了假設之後，該如何處理驗證結果呢？透過比較或統計分析來驗證的結果，可以適用於哪些範圍呢？再次以圖表4-6的驗證結果為例來思考，針對該散布圖所顯示之資料所在的地方政府，假如我們視其「非營利組織之假設」成立，那麼我們是否可以說其他未拿來驗的地方政府也成立呢？假設的適用範圍到底能多廣呢？同理，圖表4-1透過差異法驗證的

「居民領導者假設」可以適用於哪些範圍的地方政府呢？

　　像這樣推論驗證結果所得到的結論也適用於未驗證的案例，就稱爲**常態化**。接下來，我要探討常態化，更進一步介紹如何處理驗證結果。

假設可以適用的範圍

　　實驗的邏輯是去確認某種植物、失業的年輕人等調查對象之人或物，是否有常態成立的法則。如果能透過以綠色花椰菜爲對象的實驗，確認到肥料有效果，就能推論該肥料用在別的田栽種的綠色花椰菜也能有效果。此實驗結果當然無法保證該肥料對白色花椰菜有效果，而且綠色花椰菜也有不同種類，或許存在該肥料無效的綠色花椰菜種類。此外，在與實驗設定的條件差很多的環境下，所栽種的綠色花椰菜也可能無效，例如水分或光照不足的時候，無論給予多少肥料都種不出植物。

　　比較的驗證也運用了實驗邏輯，所以當其他變項獲得適當控制，並透過比較導出的結論，理論上也適用於其他同種案例，而不只適用於比較的案例。但在現實中，很難如同實驗般按照理想控制條件，因此必須愼重考慮是否主張驗證結果的適用範圍。舉例而言，A鄉、B鄉、C市的案例獲得了圖表4-1的結果，但很容易在調查人口規模更大的D市、E市、F市之後，發現明明公民共同生產程度都很高，卻不一定有居民領導者。這種情況或許是因爲大規模的地方政府財政寬裕，補足了居民領導者的作用。如此一來，居民領導者的存在能使共同生產狀況產生差異，可能僅限於規模小的地方政府才成立，適用範圍有限。

　　第3節介紹過如何處理統計分析的驗證結果，只要從母群抽取出的樣本適當，且用於驗證的樣本反映出母群的特徵，那麼就可以認爲在樣本上成立的假設也適用於母群。我也介紹過，顯著水準可以用來判斷在樣本上成立（虛無假設被拒絕）的假設是否爲偶然成立。

如果假設未獲得驗證：解釋驗證結果與重新檢視假設

　　在研究中，假設完全按照期待獲得驗證的情形並不多見，有時候假設只獲得部分支持，或是混雜支持其他假設的結果，甚至相反的結果。此

時必須解釋驗證結果，**解釋**驗證結果指的是考察造成該結果的原因，思考是否能統一說明獲得支持和未獲得支持的假設。如果有必要，也會修正假設，有時候還可能要再次對照文獻研究的結果，重新討論導出假設時援用的理論。

　　如果在驗證階段未獲得原本期待的結果，透過解釋也無法補充時，又該怎麼辦呢？首先要再次檢查驗證方法是否適當，蒐集的資料是否適當，操作化是否適當。如果都沒問題的話，就要回到建立假設的階段重新研究，或是直接結束研究，而且這兩種情形下都應將結果記錄下來。只要假設未獲得驗證的事實也是透過適當程序確認到的，那就是重要的貢獻。不論研究員本人還是後繼者，都能以此為出發點再次挑戰不同假設。

　　對大學生而言，按照適當步驟完成研究的過程很重要。我認為只要投入足夠的心力，學到以邏輯探討事情的方法，即使結果不如期待，也值得給予評價。為了傳達給評分的人（指導教授等），也為了將努力的成果撰寫進論文，各位應徹底進行統整（第5章將敘述該方法）。實務工作者如果是為了自我鑽研而進行研究，那也可以抱持同樣的觀念。

　　研究生的話，一般而言不能以沒有結果的研究來寫論文。但也別因為未獲得理想的驗證結果而氣餒，請再次回到導出假設的階段重新思考，這就是產生獨特假設的道路。一開始的假設通常都是基於我們的常識或現有的理論，既然不成立，那就要重新檢視現有的理論，樂觀當作這是建立新理論的機會。

驗證結果與研究命題

　　政策研究的最終目的是回答研究命題，當假設按照目前介紹的程序獲得了驗證，是否就可以下結論說獲得驗證的假設是研究命題的答案呢？這個問題取決於研究命題的建立方式，以及假設的建立方式，大致概念如下。

　　如果研究命題依據案例具體建立，而且假設也直接回答了該命題，那麼獲得驗證的假設就可以當作解答，直接當作結論也沒問題。但是，如

果最原始的命題（A型）是抽象或全面性的命題，在分成多個B型命題後進行研究的話，由於獲得驗證的是B型命題（假設群）的解答，因此不能直接當作最終想知道的命題解答。為了進一步尋找解答，必須統整多個假設，使其具有全面性，並且視需求提高抽象度，引導出A型命題的解答。簡單而言，之前將A型命題分成B型，依據案例具體化命題，這次則要反過來做，把解答（假設群）統整起來並抽象化。

7　小結：要選擇哪一個方法？

以上介紹了假設的驗證方法，包含實驗、比較、統計分析、追蹤一個案例（案例研究）共四個方法。在實際的政策研究中，該如何選擇這些方法呢？接下來我要介紹如何選擇驗證方法，並且總結本章。

關於如何選擇方法，並沒有既定規則。有研究員主張應使用嚴格的統計方法進行多個案例分析，也有研究員主張比較少量案例或追蹤一個案例就夠了。雖然目前專家們仍持續爭論，但我個人認為並沒有正確答案，如果可以的話，我希望各位併用多種方法。不論是普特南的研究，還是我以普特南為範本的研究（前述），都組合使用了案例研究、比較、統計分析等方法。

可用的方法受到多種條件限制，例如有些主題只有一個案例，或是有無法獲得統計資料的限制。此外，適當的驗證方法取決於你建立的研究命題和假設。做這個研究的人擅長什麼，擅長使用Excel，還是大學修過社會學所以會設計問卷調查，這些都會影響可利用的方法。反之，也可以根據你想學習的內容，來決定使用方法，然後才選擇適合的主題。舉例而言，想學統計方法的人，可以建立有公開統計資料的政策領域相關研究命題。簡言之，請根據各自的需求選擇方法吧。

如果各位還想要聽建言，我會建議各位重視研究命題。請確實抱持最想知道的事情，選擇最適當的方法以獲得解答。因此，如果能透過文獻研究獲得具有可信度的解答，那也已經足夠。而如果是適合使用統計驗證的

命題（例如與居民行為相關的命題），那就努力善用統計吧。

　　再提一個建議，如果你只想學會有助於建立政策的邏輯性，那麼比較少量案例會比較有效。要著眼於什麼樣的自變項，探討有什麼其他變項，要控制這些變項（設定相同條件）時，思考該比較哪些案例，可能會有哪些反論，都是培養邏輯思考的良好訓練。

　　接下來的建議專門針對實務工作者，與其精進所有內容，我建議各位將目標放在理解基本觀念。實踐當然也很重要，假如光靠閱讀也無法理解，有時候實踐之後就能快速理解。如果你喜歡操作電腦，歡迎多加嘗試統計分析，但如果你不擅長，那麼只了解相關概念也足夠了。即使各位本身沒實踐過，在委託顧問進行問卷調查時，是否會看統計資料，將對委託成敗造成巨大影響。同理，了解透過比較導出結論的理論，應該也能幫助各位討論日常業務中面臨的問題。

第 5 章

統整和傳達研究結果

發表技巧

　　驗證完假設後，就要直接進入建立解決方案（第6章）的階段，或是先結束研究，以因果關係的相關發現為主題進行發表。無論進入哪一個階段，在此要介紹「統整研究結果」。

　　統整作業要做的是將目前的步驟所產生的材料做整理，解釋驗證結果，確認與修正預想的因果關係，明確列出研究命題所對應的結論或賦予其意義。這些作業可能之前已經在各位的腦中反覆進行過了，以「統整」的心態來進行會很有幫助。尤其當你不寫論文，也不進行發表，而是要建立解決方案時，為了將研究結果反映在解決方案上，就必須統整目前的結果，加入考察，鎖定問題的因果關係。

　　對許多人而言，在寫論文或準備發表的過程中，普通的作法是整理研究結果，重新確認自己建立的理論，同時導出結論。但是，本章特別將「統整結果」視為獨立的作業。第一個原因是，這對於想直接進入第6章建立政策的讀者而言相當必要。第二個原因是，如果依照政策研究的步驟進行，那能導出結論的材料幾乎都已在手邊，可能不需要花多餘心力就能統整好結果。第三個原因則是，只要統整好結果，整理好手邊的材料，那麼基於這些結果寫論文以及準備發表用投影片就會變得容易。尤其大學生的論文經常並未充分活用調查結果，為了避免這種情形，我推薦各位撰寫論文之前先好好統整結果。

　　本章會先介紹簡單的統整方法，接著說明發表技巧。**發表**不只是口頭發表，也包含撰寫論文和報告書，撰寫論文也是向他人傳達成果的方法。

1 統整研究結果

結束第1章至第4章的步驟後，手邊會留下許多繁雜的材料。這些材料包含記錄研究命題或假設的筆記、文獻研究時蒐集的論文影本、文獻清單、來自文獻回顧的摘錄、行政資料或數據、訪談紀錄、顯示因果關係的圖表、記錄比較結果的表格、統計分析結果的印刷資料。由於這些紀錄並未經過整理，對於還不習慣研究的大學生或實務工作者而言，直接考察這些紀錄然後導出結論並非易事。所以才要先整理材料，此時我會建議按照撰寫論文的項目來整理。

學術論文的標準記載項目為以下①至⑩，括弧內是本書所介紹的章節編號。各項目包含目前的統整，以及撰寫論文的簡單說明。

撰寫論文的10個項目

①研究標題（第1章）、吸引人的緒論 標題是用來明確表達研究內容和發現，也可以加入副標題。雖然直接使用研究主題也無妨，不過往往會出現「關於○○鄉的公民共同生產」這種無趣的標題，通常調整一下研究命題來取名會比較好。如果賣點在於假設或變項，那也可以拿來當作標題的一部分。最後才下標題並不容易，建議各位剛開始研究時先下標題，如果轉換方向再變更。撰寫論文時，必須有吸引讀者閱讀的緒論。

②研究命題（第1章） 或許只有筆記本上的一行文字，或者細分後的A、B型命題，又或是以研究計畫的形式留下。無論任何形式，到了現在的統整階段都可以運用。撰寫論文時，除了命題，也要說明問題意識、探討該提問的意義、問題背景等，你應該已經透過文獻研究獲得這些資訊了。

③文獻回顧的概要和問題點（第3章） 目前要統整的內容包含蒐集到的文獻、閱讀文獻後摘錄的筆記、問題背景和法律制度資訊、將事發經過整理出來的年表。換言之，如果你討論過文獻研究的成果、文獻回顧的結果和極限，並且整理成文章，那也算是其中之一。在論文中會將文獻研究的成果整理成精簡的內容，當作文獻探討。

④**提出假設、定義關鍵概念、操作變項（第2章）** 可能只有一個對應研究命題的假設，或是有組合多個假設的假設群。如果你清楚記下依變項和自變項的關係，以圖表圖示因果關係也算是其中之一。不要光在腦中思考，寫成文章或畫成圖很重要。有些論文會將假設和文獻回顧的討論（項目③）放在一起。

⑤**分析方法與使用資料（第4章）** 此項目包含你所選擇的方法和原因，方法有案例研究、比較、統計分析。如果選擇案例研究，就要撰寫案例的概要，以及選擇該案例的原因。要是做了訪談調查，就要記載訪談對象和進行的時間等資訊。選擇統計分析的話，要寫使用資料的來源和統計表名稱。問卷調查的話，要記載問題和回收問卷的方式、調查時間、回收率等。

⑥**分析的內容和結果（第4章）** 包含顯示比較結果的表格、顯示案例經過的年表和圖、顯示統計分析結果的圖表或表格。目前要統整的內容只要有這些印刷物和筆記即可，論文裡則需要圖表和文章說明。

⑦**討論（第4章）** 包含分析結果的解釋和說明、假設是否獲得驗證的判定、結果的常態化範圍推論。雖然有些考察要等結果統整完才能做到，例如預想的批評和因應的反駁，不過實際上應該在導出假設、探討因果關係、驗證過程中反覆經過考察，在統整階段已經有足夠的材料才對。

⑧**發現的意涵和政策建言（第6章）** 意涵（implication）指的是你的發現具有什麼社會意義，能做出什麼樣的學術貢獻，對於今後的研究發展有什麼幫助。政策建言畢竟是基於研究成果提出的內容，不能出現與研究內容無關的發想。至於如何將政策建言連結研究結果，將於第6章說明。

⑨**具有影響力的統整詞語（必要時包含今後的課題）** 目前要統整的內容不需要此項目，撰寫論文時需要。

⑩**參考資料（第3章）** 目前要統整的內容包含文獻清單、訪談紀錄（從錄音或筆記中重現訪談內容）。論文的**參考文獻**清單，可以從文獻研究時的文獻清單轉用。如果是**引用文獻**清單，那就要篩選出內文引用的文

獻。

該如何統整

　　學術論文代表研究的最終成果，只要羅列該撰寫的項目，就足夠各位統整研究結果了。而且，看一看這10個項目，幾乎都可以使用第4章以前的作業中所產生的資訊和材料。新加入的只有⑦討論的一部分，不過此項目來自閱讀和考察所有材料的結果，理應有留下內容。

　　至於如何統整和整理材料，只要用自己喜歡的方法就行了。你可以在筆記本上寫成條列式，也可以寫在文書軟體的大綱模式（後述）或簡報軟體的投影片，之後可以直接寫成論文或製作成投影片。我自己基於研究性質，大多是訪談紀錄和影印出來的統計分析，我會將這些資料和隨手記下的筆記以及訪談蒐集的資料一起放入各大項目的個別資料夾，然後放進文件盒。雖然不是什麼值得炫耀的整理方式，不過這些文件盒和記載研究流程的筆記就是「統整內容」。

　　以上述方法瀏覽過研究產生的所有材料後，就可以完成項目⑦（討論）。此作業的主軸是判定假設是否獲得驗證，並導出能作為研究命題解答的結論。對應「為什麼……呢」之命題的是「因為……」之原因，但實際上在研究中，通常不會只找到唯一一個原因，而是好不容易才（似乎）找到部分複雜的因果關係，必須繪製成圖表才能理解，所以如何解釋結果就很重要了。具體而言，要考察驗證結果的肯定度有多少，可以適用於哪些範圍，應如何理解其與文獻回顧的關係，如果假設只獲得部分支持的話該如何解釋（關於這些內容，已於第4章詳細說明）。此外，也要重新確認假設導出的結論是否沒有破綻，自己的議論是否經得起批評。

　　如同前述，在撰寫論文和準備發表的過程中，可以完成項目⑦。想進入發表（本章第2節以後）的人可以往下閱讀，而如果你急著將驗證結果變成政策，請進行統整和討論，找到因果關係之後進入第6章。此外，統整作業不需要等研究結束，我更希望各位在更早的階段進行中間統整，並且隨時修正。

2 撰寫論文、報告

統整好研究結果後，就把它寫成文章吧。雖然我們已經做過文獻研究，也驗證過假設，但要組織理論，然後抵達結論，亦即找到研究命題的解答，可不容易。如果只在腦中思考，到處都會不連貫或是有破綻。藉由寫成文章，然後反覆閱讀，才能發現理論中的破綻。通常寫成論文之後才會發現自己缺少了重要的變項，或是主張假設獲得支持的證據仍不足一項，甚至注意到導出假設的前提有問題。因此，為了得出研究的結論，即使畢業論文並非必修，即使沒有發表的義務，我也希望各位撰寫論文。

此外，如果發現了上述問題，請盡可能回到前面的步驟，進行補充調查。要是無法做到，也請寫出自己研究的極限，劃清從研究導出的結論所適用的範圍。

第1節已經介紹過論文中應撰寫的標準項目，這10項幾乎囊括了所有撰寫學術論文時應放入的內容。只要完整寫出這些項目，就算投稿至學術期刊大概也不會被拒絕。

如果是大學生的政策報告或畢業論文，那就不需要10項全部都寫。只要有你自己的發現，即使缺少文獻回顧的討論（項目③）也沒關係。反之，缺少獨自的資料分析（項目⑤和項目⑥），而光從文獻研究中導出結論，或許也可以算是論文。這一點視指導教授的評價標準而定，即使是正式的學術論文，根據著重的地方而定，有時候可以省略10個項目中的某幾項，有時候反而還會增加別的資訊。

在此特別要注意的是，並非把10個項目都寫出來就能當作論文。重點是連結得當，有一個一貫的主張，並且精準地傳達給讀者。我每次讀學生的論文，都會覺得雖有素材，但卻沒確實的論述，好像只是把素材排列在一起而已。要寫出具有一貫理論的文章，必須徹底動腦，但也有一些可用的技巧，以下將介紹撰寫論文的訣竅。

文章的寫法：不要違背讀者的預測

撰寫論文的重點在於書寫論點一致的文章，精準地將研究結果和自己的主張傳達給讀者。那該怎麼做才能達成這個目的呢？首要之務就是反覆閱讀，檢查理論是否一致，有沒有跳躍性的內容。我的學生中有不少人在時間壓力下，從來沒有完整讀過一遍自己的論文。請從容地訂好時間表，多閱讀與修正自己「認為完成」的原稿。

第二是不要固執己見，撰寫論文也是一種與讀者的溝通，就像是以文章發表自己的研究結果。為了傳達意思給讀者，要注意別違背讀者的預測。讀者的預測是建立在作者與讀者共同了解的事項上，或是基於常識判斷，請容我一一說明。

首先，關於作者與讀者共同了解的事項，其中一個例子就是按照前述學術論文中應撰寫的10個項目來寫。讀者在閱讀時會預設論文中出現假設後，將接著出現驗證方法、驗證結果、解釋和討論（如果論文開頭預告有不同結構，那就會按照該結構預設）。只要論文是照著預測或預告寫，那讀者就能舒服地閱讀下去，但假如在驗證前未說明驗證方法，或許讀者就會感到疑惑，甚至前後來回翻閱。因此，各位寫論文時，最好依照前述項目等共同理解的習慣來撰寫，在論文開頭明確說明結構，並且按照說明撰寫。

其次，基於常識判斷的預測，指的是關於一般寫文章的方法。如果一開始有提問，那讀者就會期待接下來有答案。如果一開始提出了結論，那就會預測後面要說明理由。要是從抽象的內容開始，就會期待接下來有具體的說明和例子。此外，在說明問題的來龍去脈時，一般會依照時間從古至今記述。依照這些預測來撰寫，就是順利傳達主張給讀者的訣竅。

如果按照一般的文章寫法會如何呢？日文自古講求起承轉合，先有開頭（起），接續（承）之後要讓人感到疑問（轉），接著統整總結（合）。我必須遺憾地說這種寫法並未形成共識，無法幫助讀者預測。「轉」本身就是使人出乎意料的技巧，雖然能有效吸引讀者注意，卻不適合講求精準傳達旨意的論文。

參考英文文章的寫法

如果要參考文章的寫法，那就參考英文作文技巧（**paragraph writing**）。這種寫法沿著直線式思考，不會違背常識，雖然無趣但很適合用來寫論文。雖然我沒有嚴格計算過，但印象中日本的論文也大多使用這種寫法。或許因為學術論文大多以英文發表，所以英文寫法才成為標準。

英文文章的寫法是將句子組成**段落**（**paragraph**），再以段落為基本單位組織成論文（或章）。我先介紹段落這個基本單位的組成。

段落以**主題句子**（**topic sentence**）為中心組成，主題句子指的是該段落最想傳達的內容（**主題**），以及論述該主題的範圍和視點（**controlling idea**），也就是表達自己想論述什麼的句子。主題句子可以出現在段落中的任何位置，不過通常都會在開頭，假如第一句是承接上一段，那主題句子就會在第二句。接下來的句子是用來支持或展開主題的**輔助句子**（**support sentence**），具有說明主題、舉例、提出補強主題之素材的作用。如果主題句子表達了結論，那就可以輔助說明理由。假如主題很抽象，那就用輔助句子具體說明或舉例，這種寫法符合前述常識預測。有時候還會在段落的最後，以換句話說的方式重複表達主題，當作總結。

接著介紹論文的結構，長篇論文或書籍章節也比照段落寫法。段落以句子為單位組成，而寫論文或章節時，則如圖表5-1所示，由段落（圖表中的方塊）組成。最前面是引言，通常會在最後一句陳述最重要的主張（**主題句** = thesis statement）。接下來的段落都是主題句的根據，各段落如前述由主題句子、輔助句子、總結句子組成。這些段落整體稱為**本論**（**body**），與段落中的輔助句子一樣，以段落為單位說明主題、舉例、分析、提示證據。最後以結論的段落摘要內容，以換句話說的方式重複統整自己的主張。

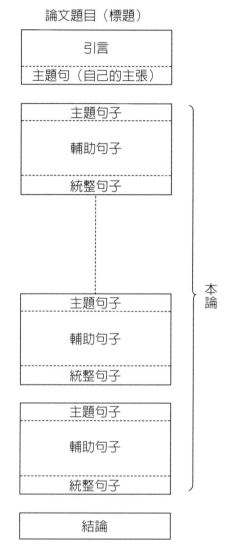

圖表5-1　英文論文結構示意圖

資料來源：將Boardman, Cynthia A., and Jia Frydenberg. 2008. *Writing to Communicate 2: Paragraphs and Essays*, 3rd ed. White Plains, N.Y.: Pearson/Longman, p. 53的圖簡化。

BOARDMAN, CYNTHIA A.; FRYDENBERG, JIA; WRITING TO COMMUNICATE 2: PARAGRAPHS AND ESSAYS; 3rd edition; ©2010 Reprinted by permission of Pearson Education, Inc.

實踐這種文章寫法的文章中，只要挑出各段落的主題句子，連接起來就能掌握整體理論結構。雖然許多論文並未依照該寫法組成章節，可能不容易找到主題句，不過好的文章會在開頭表達要旨，也會在文章中安排摘要內容的段落。只要連接起來，就能抓到整體論文或書籍的要旨。

各位寫論文時不需要嚴格遵守以上寫法，但最好要注意主題句子的概念。只要寫的時候注意各段落的主題句子在哪，就可以在思考整篇文章結構時，試著連接主題句子，確認是否完成一貫的理論。除了主題句子，也可以找出各段落的小標題。使用文書軟體的**大綱模式**，就能輕鬆連接小標題。

關於段落的組成方法，只要依照第1節所述之論文的10個項目來寫，就不需要想太多，那10個項目本來就接近英文寫作的結構。換言之，先表達研究命題之主題（或許假設也包含在主題內），然後說明驗證結果，提出根據，邊預測反論邊寫出補強主張的輔助內容，最後就是結論。

如果要寫博士論文那種更長的論文，就必須有章節。此時，細分的研究命題可以成為候選章名。如同第1章介紹的道爾的研究，一個一個解析研究命題。也可以像普特南一樣，依變項寫一章，自變項的測量和由來各一章，兩者的關聯寫一章，這也是順著研究流程的寫法，容易讓讀者理解。

我再強調一次，重點在於精準地將想傳達的內容傳達給讀者。上述寫法當作參考即可，請先養成反覆閱讀的習慣，確認是否精準地寫出想傳達的內容，且理論是否一致。

注意連接

與句子結構同等重要的是句子與句子、段落與段落的連接。正確展開理論固然重要，為了將理論傳達給讀者，且不產生誤會，必須適當使用連接詞和接續的用詞。所謂連接詞和接續的用詞，例如要表達前一句話的原因，就使用「這是因為……」，表達原因的結果就用「結果……」，摘要前面的內容則用「簡言之」、「總結以上」。要使用多少連接詞取決於喜好和文體，我個人認為，盡可能使用這些連接詞以明確傳達理論給讀者會

比較親切，因爲這些用詞也具有使讀者容易預測理論展開的作用。

句子和段落簡潔也很重要，假如一句話很冗長，就不容易知道理論如何連接。句子短一點，就必須顯示句子和句子之間的連接，於是會使用連接詞，使讀者容易了解理論如何展開。

爲了將研究結果和自己的主張精準地傳達給讀者，明示主詞和盡量避免被動句也很重要。在大部分的研究中，標示出行爲主體是最重要的資訊。日文是不需要主詞也可以成立的語言，因此平常就必須注意，否則可能會寫出欠缺必要資訊的文章。因爲句子成立，所以經常發生大致上讀起來很順，但細讀卻意思不通、理論不連貫的情形。一旦問起主詞是什麼、是誰下了決定，不少學生都坦白自己疏於調查。換言之，唯有徹底調查，才能寫出主詞明確的文章。

寫得淺顯易懂且具體

目前介紹了段落和句子的結構、句子與句子的連接，而爲了正確傳達自己的意圖，淺顯易懂的用詞也很重要。寫作時請盡量選擇平易近人的詞彙，如果特意使用艱深的用語來顯示用功的成果，卻無法將自己的意圖傳達給讀者，那就沒有意義了。爲了將觀察到的事實和說明事實的概念、關聯正確表達出來，我們無法避免使用專業術語，但論文並不會因此變得難以理解。

閱讀論文和書籍卻看不懂的情形，我認爲有以下兩種可能性。一個是讀者缺乏關於論文中用語和背景的知識，所以無法理解。這在某種程度上別無他法，透過學習才能漸漸讀懂。但是，如果預設一般讀者也會閱讀，應該可以寫得淺顯易懂，例如在文中說明困難的專業術語。而另一個情形是文章寫法不好，所以無法理解。學術論文之中，也有許多是屬於這一類，例如研究生或研究所剛畢業的教授奉命負責撰寫教科書的其中一章，要寫自己剛學會或者本身也不太理解的內容時，就有可能寫出非常難懂的文章。

當作者洋洋灑灑地寫出一堆專業術語，就有可能不知不覺以爲自己很了解。讀者看到難解的用語，也會以爲是因爲自己知識不足才看不懂。

各位寫論文時，也很可能落入同樣的陷阱。畢竟看困難的用語就眼花撩亂了，於是便疏於確認理論的連貫性。但如果使用平易近人的詞彙，就能輕易發現理論的編排太勉強。要是作者自己都不懂自己寫的內容，那也無法寫得平易近人，寫得淺顯易懂比寫得難懂還困難，請各位寫作時謹記這一點。

　　為了寫得淺顯易懂，除了用詞外，具體書寫也很重要。要是只使用抽象的詞彙，那文章很容易變得難懂。使用抽象概念後，請務必舉出具體例子來說明，這對作者也是有好處的。當你要在論文中使用抽象概念時，如果接在具體問題後，就能確認理論是否正確展開。不過，我其實不太擔心這一點，因為政策研究的實踐者原本就在處理具體問題，應該不會只寫出抽象的議論內容。

引用的方式

　　撰寫論文和進行口頭發表時，必須明確記載引用來源和資料來源。不同學問領域有不同的引用方式，大致上可以分為兩種。一種是標明註釋，記載文獻作者等資訊（詳見第3章），法律學和公共行政學的學術期刊，以及實務工作者較常閱讀的書籍和期刊（例如《JURIST》、《都市問題》），大多採用這種方法。另一種是在內文中的引用位置標示如「（伊藤2006）」的作者名稱和出版年份，並在論文最後或卷末留下引用文獻清單。引用文獻清單格式如「伊藤修一郎　2006《地方政府發動的政策改革：從景觀條例到景觀法》木鐸社」。如果直接摘錄了引用來源的文章，則必須將該文章用引號標示起來，並且在內文中用小括號記載頁數，例如「（伊藤　2006：18）」（如果採用前述註釋的方式，則在註釋之中標示頁數）。

　　關於引用的具體例子，請參考專門用書或學術期刊。此外，如果是新書或教科書（例如本書）這種重視易讀性的著作，通常不會在內文標示引用位置，而是在最後揭曉完整的參考文獻，但撰寫研究論文時應避免使用此種方式。

　　要是疏忽了引用規則，很可能會被認為是剽竊，畢竟學術研究講求獨創性。另一方面，沒有考量文獻回顧的成果，就不可能累積知識，只會在原地打轉。因此，我們必須明確記載自己依據的研究，區分清楚哪些是前人的研究成果，哪些是自己獨自的研究。換言之，明確標示引用處，等同清楚標示自己原創的點子。假如一部分研究具有剽竊嫌疑，那整個研究都很有可能被視為剽竊。

　　如同第3章所述，引用網路文章也一樣。有些大學生和研究生引用時沒有標註來源，還不覺得自己有錯，我想這是因為**複製和貼上**太容易了，沒自覺這點比剽竊紙本資料的問題還要大。

　　這個問題對實務工作者而言也無法置身事外，有些地方政府總是從報紙或中央政府的白皮書複製資料來製作報告書，也疏於記載圖表等資料的出處，經常沒標示出處就直接將中央審議會的報告書中的圖收錄進綜合計畫裡。要是像這樣從研究員的論文擷取資料，那可能會成為大問題，請本書讀者千萬別這麼做。

3　口頭發表的方法：準備時的一般心態

　　撰寫論文之後，接著就要口頭發表。口頭發表的時間通常設定得短，講求在有限的時間中盡量傳達豐富內容。本節將說明各種發表的形式，然後介紹發表的準備心態。

　　本章之所以預設順序為撰寫論文之後發表，是因為那是大學和研究所經常採用的流程。但是，其實也有些地方採用相反的流程，研究員通常會在學會或研究會上發表，吸收同業的批評後再開始撰寫論文（然後再度發表，精煉內容）。此外，實務工作者有時候則會在政策規劃研習上進行發表，不撰寫論文。如果必須先發表，請好好如第1節的介紹一樣來統整結果。

發表的形式

口頭發表的主要形式有（1）朗讀論文或原稿；（2）透過發資料來說明；（3）透過簡報軟體的投影片來發表，以下依序介紹。

第一個是朗讀論文或原稿，常見於非常正式的學會發表。這種形式的優點是能精準傳達內容，但聽眾容易感到枯燥，可能因為聽起來就像讀稿，或是認為之後再閱讀就好。由於有時間限制，當然無法整篇論文都朗讀完。通常會先在論文上用螢光筆標示，邊抓重點邊讀。由於聽眾要邊看論文邊聽朗讀，有時候可能會跟不上。

第二個是透過發資料來說明，這是最常採用的形式。發放的資料是以條列式記載概要或關鍵字的**講義**，長度大約一至兩頁。專題課會教學生如何製作講義，本書就略過不談了。而在政府部門的會議上，經常使用以表格或圖示整理好資訊的資料。這種發表形式也比較精準，優點是聽眾手邊會有資料，缺點則是聽眾視線會朝下，可能不會注意講者。此外，低著頭聽冗長的說明，很容易會想睡覺。

第三個是使用投影片，以前會把圖或文字印在透明膠片上，再使用投影機（Overhead projector）投影。這個方法的優點是可以邊說明邊用筆在上面寫字。如果投影機上裝有實物投影設備，就可以用一般的紙本資料獲得同樣的效果。

近年的口頭發表會用電腦連接投影機，播放使用微軟公司的簡報軟體PowerPoint製作的投影片。這種形式的優點是可以讓聽眾抬起頭來聆聽，彌補講義的不足。透過這個方法，講者容易和聽眾眼神交流、提問，或是用肢體語言強調，增加發表的抑揚頓挫。而且，講者可以製作出符合資訊時代的精美投影片，不需要在意紙張或影印的費用，就能透過圖示和表格傳達大量資訊，這也是優點之一。

缺點是如果沒有發資料，隨著一張張投影片播放，聽眾可能會跟不上，或是無法作筆記。在競爭激烈的學會中，聽說有些人為了不讓對手知道自己的發表細節，刻意只使用投影片發表，而聽眾也會因此帶著數位相機，把投影片拍下來。

　　我們的研究並不是機密，所以我建議大家除了使用PowerPoint，也要發資料。在PowerPoint的影印選單中選擇「講義」，每頁放4至6張投影片，即足以當作發放的資料，不過也有人主張必須另外製作與投影片不同的講義。此外，詳細的表格或圖表在投影片中可能字體太小，不好閱讀，最好另外印出來。

　　關於使用投影片進行的口頭發表，我會在第4節詳細說明。在那之前，我要介紹可以適用於所有口頭發表形式的準備重點。

準備發表的重點

　　關於發表的教科書和教學手冊中，主要篇幅著重在蒐集資料和製作內容。不過我們在第4章討論的內容應已足夠，現在更需要的是論點的篩選和架構。

　　之所以必須篩選論點，是因為如同前述，口頭發表設有時間限制。畢業論文通常沒有嚴格的字數限制，可以相對自由地撰寫。學術期刊的投稿論文則有字數限制，但會給予足夠的篇幅讓投稿者表達研究結果。相對之下，口頭發表的時間設計較短，例如學會發表多為20至30分鐘左右，接近時限時會響鈴，或是由主持人傳遞紙條提醒，嚴格控制流程。而畢業論文的發表會上，由於人數較多，採取10分鐘發表、5分鐘回答提問的形式。因此，需要篩選內容、精煉架構，在簡短的發表時間中放入所有想傳達的內容。

　　那麼，該如何準備發表呢？無論什麼樣的方式都無妨，只要自己能順利說明，並且精準地傳達給聽眾就好，以下介紹四個有幫助的重點。

　　聽眾是誰　在準備發表時，首先必須掌握聽眾是誰。對學生而言，聽眾通常是教授和學生；對實務工作者而言，最常預設的聽眾應該是公部門職員和審議會成員吧。面對這些聽眾，可以預設他們與自己共同享有某種程度的知識和術語，並以此為前提來發表。但即使如此，先仔細說明專業術語和自己在研究中定義的概念，才是讓聽眾理解發表內容的關鍵，不然在回答提問時可能會雞同鴨講，或是感到失望。

　　實務工作者口頭發表的機會包含對居民舉辦的說明會、開放給一般聽

眾的演講會、高中或大學的講座等。面對這些聽眾，必須仔細說明基礎術語，尤其要注意那些在公部門視爲理所當然的技術用語和法律用語，請盡可能換成日常用語。公部門的「文法」和理論也要「翻譯」成一般常識，不然再怎麼努力也無法傳達給聽眾。請記住，應依據聽眾的不同來靈活改變發表內容、架構、說話方式和流程。

明示目的　第二個重點是明示發表的目的；標題很重要，請選擇能代表整個發表內容的標題。各位可以巧妙運用研究命題，清楚表達自己的研究命題，明示發表目的，例如在開頭說「我探討了我們鄉／鎮的公民共同生產進展不順利的原因」、「我研究了讓公民共同生產風氣變熱絡的方法」。

明示研究命題後，聽眾就能以該命題爲前提聆聽發表，聚焦於等待該命題的解答，因此必須在發表結構中明快地安插解答。

將要點提前　發表時間通常有限，因此第三個重點是盡早講出發表要點或是最想傳達的內容。最想傳達的內容指的是研究中釐清的事項，亦即研究命題的解答。如果研究是探討原因，那麼最想傳達的內容就是問題的原因和機制，以及作爲根據的事實吧。假如是提問「該怎麼做」的研究，那麼最重要的就是建議內容。視研究類型而定，最想傳達的內容應該都相當明瞭。

在學生的畢業論文發表會上，經常會見到時間分配失敗的案例。因爲不斷地敘述文獻研究的結果，介紹這篇論文寫了什麼、那本書說了什麼，結果被提醒「還剩三分鐘」，才終於開始介紹自己的研究，最終只能快速跳到結論，這種發表並不少見。重要的是自己透過研究解開的原創發現，爲了有說服力地傳達出去，必須適度介紹證據才行。

控制說話的分量　準備的內容量最好少一點，雖然也有人正式上場會緊張而講太快，但大多數情形是比練習花費的時間還多，也會因爲準備播放投影片而使用掉一些時間。因此，最好預設較少的發表內容。反之，容易講太快的人請準備備用的投影片，在時間還有剩下的時候補充說明看看吧。

4 使用PowerPoint發表：如何製作投影片？

接下來要介紹前述三種發表形式之一，使用PowerPoint投影片進行口頭發表的方法。在準備這種形式的發表時，製作投影片的方法相當重要。

PowerPoint工作區的「設計」標籤可以選擇投影片顏色（主題）和大小，內有許多繽紛的設計，歡迎多加利用。該選擇哪種配置的投影片、該如何表現內容，取決於各位的喜好風格，並沒有規定的樣式。我自己會在開頭使用包含標題和發表者姓名的投影片（標題投影片），第二張以後則一律使用標題下顯示條列式內容的投影片。只有在插入表格或圖表時，使用僅有標題的投影片或空白投影片。投影片中除了內文以外，也可以標示箭頭或圖形。在工具列的插入標籤或投影片的內文輸入處有圖表或表格選單、圖示，請從這些地方插入使用。

投影片張數與內容少一點

前一節介紹過，為了發表而準備的內容最好少一點，所以一張投影片收錄的內容也要少一點。如果放太多內容，可能會無法說明全部。對聽眾而言，未說明到的句子、圖表、投影片更令人在意，甚至認為這場發表的時間分配很失敗。雖然聽眾最後可以針對未說明的投影片進行提問，但各位最好避免這種情況，為了至少說明到投影片中的內容，在有限的時間內收錄的資訊自然有限。

投影片張數也最好準備少一點，說明一張投影片其實比想像中花時間。許多口頭發表的教學手冊上說明一張投影片的時間為1分鐘，但我個人體感20分鐘的發表使用20張投影片稍嫌多了。不過這也取決於一張投影片中的資訊量，無法一概而論。總之，一開始準備少一點比較好。此外，如果是超過一小時的演講，可能會愈講愈快，可以準備備用投影片以備提早結束的情形，備用投影片也可以用在提問階段。

篩選內容

如同前述，口頭發表有時間限制。但是，如果完成了政策研究，應該

會有很多話想說。因此，必須好好篩選要說的內容。那麼究竟研究結果該如何取捨，該以什麼部分為中心發表呢？

　　首先，必須有研究命題，不是指命題的類型，而是研究主題、關心的問題等，為了直接表達這個研究想釐清的事項，使用研究命題是適當的作法。同時也需要介紹自己釐清了什麼，亦即研究命題的解答。此外還有該解答的根據，表達根據的方法包含提出假設並介紹驗證方法和驗證結果，也有人只介紹驗證結果。然後，還有說明自己的發現意義或涵義。

　　以上就是發表的核心內容，接著要在剩餘時間內增添說明，可以在研究命題之後敘述問題背景，或是介紹文獻回顧加以評論。介紹文獻回顧之後陳述自己的意見時，加上關聯就能增加說服力。此外，論及意義和涵義時，也可以預測批評，先準備反駁內容（如果習慣的話，也可以只預測，期待提問的到來）。如果你先進入第6章（政策化階段）才進行發表的話，應該會想加入政策建言。此時，建言必然會是從研究結論或發現中導出的內容。

　　實際篩選內容前，請好好思考研究中有什麼發現，以及最想傳達給聽眾的是什麼，並將結果反映在投影片架構上。如果最想傳達的是政策建言，那可以在揭示問題狀況後立刻進入政策建言，運用足夠的時間來說明。雖然為了讓建言更有說服力，必須提出根據，但我認為可以之後在時間允許範圍內提出，先用建言的震撼力吸引聽眾也不錯，重點在於自己想傳達什麼內容。

重視「美觀」

　　投影片的美觀很重要，這裡所重視的「美觀」指的不是吸睛度或美感，而是整齊且能精準地傳達內容。為此，首先要把文字調大。我個人平常使用的投影片標題字型大小為44，內文字型大小為32，比PowerPoint預設的字體還大。為了讓坐在後排的聽眾也能看得清楚，也為了讓他們看清楚講義上的文字，我建議維持這個大小。因為調整成這個大小，所以無法在投影片中輸入文章，而是條列關鍵字。

　　第二個重點是使用圖示或表格，後面也會說明，圖表能簡潔有效地傳達大量資訊，請把用於分析和驗證的圖表，以及其中能協助導出結論的圖示或表格，放入投影片。如果投影片放不下，也可以印出來發放。

　　因爲圖示和表格容易留下印象，請特別使用在想讓人記住研究發現的地方，並且盡量用自己原創的素材，避免借用他人的素材。發表時間很珍貴，拿來介紹他人的發現實在不是明智的選擇。如果眞有非常重要的圖表，無法避免引用時，請務必明確記載來源，如同我在撰寫論文的章節所介紹的一樣。

　　但是，請注意不要過度專注在版面設計。PowerPoint有一個功能叫作「動畫」，例如滑入或淡出，使用之後可以讓文字慢慢出現或消失，用在自己重視或最想傳達的句子或許不錯。但是，如果呈現得太過華麗，可能會讓人無法專注於發表的內容。雖然這是喜好問題，不過要使用的話，請適可而止，用在少數特定的地方就好。此外，請注意重疊的文字在講義上無法閱讀。雖然善用美工圖案、影片、音效等數位時代的內容並非壞事，但我認爲政策研究的實踐者還是應以研究內容取勝。

精簡與提示資訊：運用圖表和關鍵字

　　關於運用圖示或表格精簡資訊，我想說明得更詳細些。第4章介紹過，資料很多時，可以使用平均數、合計這類敘述統計來呈現。運用這些統計量的確是不錯的方法，不過比起念出生硬的文字，不如運用圖表或表格，能更容易傳達給聽眾。舉例而言，歷年變化使用折線圖，比例使用圓餅圖來呈現。除了表格外，詳細的數字不適合以投影片呈現，各位可以另外發放資料，讓聽眾邊參考邊聆聽發表。

　　透過研究解出的事實、記述事實的關鍵概念、獲得驗證的假設、內涵的理論和想法，這些又該如何有效傳達呢？我建議使用關鍵字。那些精準定義的概念，或適當呈現出觀察對象之特徵的類型名稱，還有顯示因果關係的假設內容和理論名稱，都可以直接當作關鍵字使用。以公民共同生產的例子而言，像是「居民領導者之假設」、「非營利組織之假設」就屬於此類。而「社會資本使民主政府運作」這種像標語的句子，則精簡呈現了

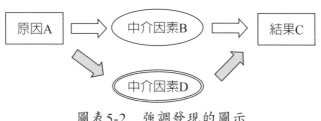

圖表5-2 強調發現的圖示

研究結論、理論和想法。這些句子當然要放入投影片當作強調，並且有必要仔細說明。

運用圖示，在圖示中使用箭頭說明重要變項和關鍵字有什麼關係，也是具有效果的作法。各位依照第2章的說明建立假設時，應該也繪製過這種箭頭圖。請把它拿出來運用，將建立假設時的（理論）箭頭圖，和經過驗證後修正的（現實）箭頭圖相比較，將兩者並列也是具有效果的作法。舉個例子，假如發現原因A和結果C之間有某種關係，從理論中導出兩者之間有中介因素B，但驗證結果發現新的因素D，爲了強調這一點，可以如圖表5-2將兩者並列呈現。如果要用動畫的話，就適合用在這種時候，設定上一開始僅呈現白色箭頭的部分，後面再讓新的中介因素D和灰底箭頭登場。

上述方法僅爲範例，請各位各自發揮本領。

5　演練和正式發表的心態

擅長發表的秘訣是什麼？該如何克服正式發表時容易緊張的情緒？這些都是很多學生來問我的問題，而我的回答是「多準備」。除了準備好的投影片和好的講義，多次演練也是準備的一部分，以下介紹注意事項。

演練：成功的秘訣

總之不斷演練——這是我在美國讀研究所時，老師對全班說的話。當時與其說是建議，不如說是用嚴厲的口吻要求大家計時並且反覆練習。連

從小經驗豐富、擅長發表的美國研究生都要練習了，自覺不擅長在人前說話的人更需要練習。

　　演練的重點在於邊計時邊確認自己能否順暢發表，第一次演練一定會有說不好的地方，說到一半說不下去、感覺勉強通常是因為架構有問題，這種時候請先暫停，然後進行修正，例如調整投影片的順序、調整或減少投影片中的關鍵字或項目、補充內容等。接著重新開始練習，在卡住的地方繼續修正。如果順利演練到最後，就再從頭開始計時和演練，針對不順暢的地方調整架構。透過重複這些步驟，能在規定時間內順利發表完畢即算完成。

　　以上藉由演練調整架構的步驟只要進行過一次，就能掌握發表內容的長度，不論是發表內容過長而無法說完重要內容的情形，或發表內容過短而未能善用機會的情形，都能避免再發生。此外，透過反覆演練，雖然可能無法消除緊繃狀態，但至少能減輕不擅長在人前說話的那種緊張情緒。事前準備可以培養自信，成為讓心情冷靜的支柱。開始發表後，能做的只有透過投影片依序呈現該說的內容，因此只要集中精神，就不用擔心失敗。重要的是投影片的架構能順暢呈現理論，並且能讓自己順著投影片說明。那些感嘆「自己因為緊張而失敗」的人，一問之下往往事前準備或演練都做得不確實。

　　即使如此，我們也有可能因為某些原因使得腦袋一片空白，例如遭壞心眼的教授或上司插嘴問問題，但只要能做出應對，再重新按照投影片繼續發表，應該就能順利完成。

正式發表的心態：帶著自信大聲說

　　做完演練後，剩下該做的就是迎接正式發表。正式發表的重要心態是「帶著自信」，愈是沒有自信、覺得發表內容不足的人，愈要抬頭挺胸大聲說。

　　我想大部分的人都知道，使用鍵盤的上下鍵可以操作PowerPoint投影片的前後捲動，在關鍵時刻比滑鼠還要好操作，此外運用結合雷射筆功能

的簡報筆也是不錯的選擇。以下介紹正式發表的心態，雖說徹底準備就算足夠了，不過謹記以下應該也會有所幫助。

不找藉口　有些人建議以開玩笑或巧妙的開場白當作「吸睛」的方式，我認為能做到是不錯，但不需要勉強自己。只要你的發表有料，聽眾自然會注意。我反而想提醒各位，不要說「雖然內容很粗淺」這種謙遜的言論或藉口。愈是沒有自信，愈不能這麼說。發表是否失敗，應由聽眾決定。就像是英語演講前，不應該說「我英文不好」一樣，不僅在底下聽的人難過，還很浪費時間。

眼神交流　有些教學手冊在發表態度的章節會建議眼神交流和手勢，眼神交流指的是鎖定其中一個聽眾，以對著該聽眾說明的方式發表，如此就能對所有聽眾產生說服力。我也曾試過這個方法，但不太順利，因為會過於注意該人的動作，反而差點忘了自己要說什麼。據說也有「看著聽眾的上方」這種方式，我認為這樣比較好進行。無論如何，至少不要像讀稿般一直低頭說話。邊看稿或筆記也無妨，但請時不時抬起頭來，習慣之後還能確認聽眾的反應。

有一個技巧是使用疑問句，向聽眾提問，然後稍作等待，藉此吸引聽眾注意說話內容。有時間的話可以試試，假如時間非常充裕，也可以指定聽眾回答。但要是出現無預期的回答，必須有技巧地銜接回發表，因此僅限於時間充裕的狀態。

確認時間　在發表中途和最後確認時間也很重要，要是發表比預期還花時間，就必須加快速度，或省略不重要的項目，至少得呈現重要內容的投影片才行。不過，透過事前準備，設計架構時盡量將想說的內容放在開頭，應該就不需要擔心，因為後面的投影片可以跳過。

不要讓聽眾迷失　長時間說話時，各位必須時常說明現在說到哪、在回答研究命題時做了哪些作業，不要讓聽眾迷失。假如發表時間只有20分鐘，那麼在開頭介紹完發表的架構後，一次說完所有發表內容也無妨，但如果是更長的發表時間，請時不時說明目前說了什麼、接著要說什麼吧。

提問階段：對於困難的問題也要回答

發表結束後，通常會直接進入提問階段，請大方地迎接所有問題吧。有問題總比沒反應好，愈是嚴厲的指摘，愈能提升你的研究水準。不過，有時候也會出現我們無法當場回答的問題，或是從根本上顛覆研究的嚴厲批評，可能會讓人在原地僵住。這種時候，請試著回答或是反駁看看。

每次聽學生發表，只要出現有一點尖銳的提問，學生就會僵住，直到提問時間結束都無法「解凍」。我建議這種時候還是要說點什麼，即使是「啊」或「嗚」也無妨。英文會說「Good questions」來爭取時間，近年似乎受到電視節目旁白的影響，日文也開始會說「這是個好問題」了。即使方向錯誤還是拚命回答的話，提問的人也會放過你的。如果對方仍然要追問，不允許隨興的回答，那就認輸並約定作為今後的探討課題。另一方面，如果是實務工作者參加的審議會或居民說明會，講求精準回答的情況，那就不要勉強回答困難的提問，應擇日再回答。

一般會在發表結束後進入提問階段，並先設定好提問時間。不過，有些學會或學問領域允許聽眾在發表過程提問，這種就不好應對了。我隸屬的政治學和公共行政學的學會幾乎不會這麼做，因此我也無法篤定該如何應對，但我認為如果該提問是確認接下來展開理論所需的前提，那就應該簡單回答。但如果疑似離題的問題一個接著一個出現，那就不得不處理，例如表明該議論稍後再說，或是直接點名該提問已離題所以之後再說。我曾在某個學問領域的碩士論文發表會上看過發表者因為認真回答提問，而無法在時間內將所準備的發表內容說完，實在很令人同情。口頭發表是發表者和聽眾之間的溝通交流，在必要的情況下要求聽眾協助也相當合理。

6　小結：發表的建議

本章預設了統整政策研究結果、將結果撰寫成論文、篩選內容進行口頭發表的流程，並且介紹了有助於各階段的技巧。最後作為小結，我要強調撰寫論文和口頭發表的意義。

　　首先是關於撰寫論文，為了訓練邏輯思考，我建議各位無論是學生還是實務工作者都要試著寫論文。

　　從事政策研究的學生大多會被要求提出政策報告或畢業論文，即使是對於沒被要求的學生，我也會建議寫寫看論文。出社會之後，要是突然被要求寫文章，幾乎都會寫不出來，因此我強烈建議趁這個機會累積經驗。

　　而中央或地方政府的職員也是一樣，在工作中很少有機會撰寫長文。而且，日常書寫的短文也幾乎都是如許可書、草案範本等制式文件。如此一來將會逐漸寫不出長文，也無法累積組織邏輯的經驗。我本身就是一個典型的例子，在認證和法務部門待了六年後，我被調到企劃部，即使奉命調查或製作資料，也不知道該如何下手，感到束手無策。公務員隨時都有可能被調動，而主管只會改錯字而已，因此只能自己努力才行，撰寫研究論文便是一種訓練。

　　書寫短文和正式文章不只是量的差異，質也有不同。在追求逐字逐句道出理論的同時，也不能迷失整體的主張，要具備這種組織力，就必須有一定的經驗。不過，只要撰寫過一次正式文章，就會發現那並沒有想像中可怕。尤其研究論文有既定的結構和撰寫的訣竅，只要你能理解本章介紹的內容，應該就能感受到這並沒有想像中困難。此外，雖說是長文，但就連在政治學或公共行政學的學術期刊上，所刊登的學術論文也不過落在兩萬字左右。假如一頁A4紙上共40行×30字，那也才16頁多而已。完成一連串的研究後，想述說的內容可是遠遠超過這個字數的。學生的畢業論文大約是30到50頁，如果不限制的話，甚至有寫出近百頁論文的強者。試著寫寫看就會發現自己意外地能寫這麼多，請不要嫌麻煩，大膽嘗試看看吧！

　　接下來是關於口頭發表，對學生而言，無論是專題課還是其他課程，經常有機會上台口頭發表，那麼若要在學生生活中存活下來，就一定得學會相關技巧才行。此外，出社會之後，也會有許多發表的機會，例如對主管說明企劃，或是對客戶推銷產品等。

　　而在中央或地方政府的實務現場，應該也有許多發表的機會。除了對

主管或同事說明外，還有像是內部會議、綜合計劃審議會等場合上要說明資料，以及身為公共事業的承辦人員，在居民說明會上發表，或是外部講座、自主研究小組上的報告，某些時候還要到學會發表，到處都有機會。

　　這些發表的共通點是在有限的時間內傳達資訊，學生在專題課等場合發表時有時間限制，實務工作者對主管說明時也一樣，面對忙碌的對象──雖然應該也有很閒的主管──必須機靈地傳達要點。在審議會上，如果說明得太冗長，聽的人只會皺眉。換言之，所有的發表都需要篩選重點、明確傳達的技術。本章介紹的發表技巧已經強調如何篩選論點，並在短時間內機靈地傳達。請各位在進行政策研究時應用此技巧，並活用在各種場合。

第 6 章

將研究結果應用於政策

基於特定因果關係的政策建言與評估

　　本章將介紹如何將研究結果應用於政策，並基於已解明的研究內容來規劃政策草案。探討因果關係的研究已在第5章結束，但某些研究在解明問題原因後，接著自然會關心如何解決問題。應該有不少讀者是因為想解決目前面臨的問題才閱讀本書，我希望能回應這些讀者。為此，我要先介紹公共政策學上的政策建立步驟。將研究結果和本書所學知識應用在政策建立上，就能建立出政策。此外，我也會介紹可能成為政策草案的主要政策工具。

　　建立好政策後，接著就是選擇政策和決定政策，為此必須評估政策草案的優劣。針對這一點，我會介紹政策評估的技巧。比較衡量多個建立好的政策草案並做出選擇時，政策評估是不可或缺的技巧。

　　有愈來愈多實務工作者關注起決定與實施政策後所進行的政策評估，如果有機會，應該有許多讀者想學吧。其實政策評估所使用的思考方式，與第5章以前介紹的方法論有異曲同工之妙。尤其在第4章已學會方法論的讀者，應該很容易就能理解政策評估的基礎概念，請趁此機會熟練。

1　政策分析的步驟

　　該依循什麼樣的步驟來建立政策呢？中央和地方政府每年都會推出許多政策，這些政策是怎麼產生的呢？日本出現愈來愈多政策類的學系和研究所，他們是怎麼教學生制定政策的呢？究竟有沒有既定的步驟和方法

論？

政策分析的步驟

　　中央和地方政府幾乎都根據經驗來建立政策，而非依循科學或理性的方法論。通常在編列預算和規劃時，主管會命令基層提出點子，相關承辦人員就不得不絞盡腦汁生出政策草案或新業務。學術界為了改善這種現象，持續努力地整理出有系統的方法論，形成「公共行政學」、「綜合政策學」、「政策科學」等學問。關於這些學問的發展和現況簡介，有許多相關的書籍可以參考，例如秋吉貴雄、伊藤修一郎、北山俊哉的《公共政策學的基礎》第三版（有斐閣，2020年），歡迎翻閱。

　　遺憾的是，即使看過這些主要的參考書籍，現階段仍然沒有一體適用所有政策領域和政策課題的方法論。包含社會福利、醫療、勞動、交通、環境、經濟在內，正因為需要以政策因應的領域相當多元，各領域發生的問題也五花八門，很難找到能一體適用的方法論。

　　雖然沒有共通的方法論，但有包含粗略步驟的方法論——**政策分析**。政策分析的步驟如下：

　　（1）將政策課題結構化（模型化）
　　（2）預測未來
　　（3）設計能控制政策課題的政策草案
　　（4）評估政策成效，選擇政策
　　（5）評估結果，朝改善的方向前進

　　以下依序介紹。

將政策課題結構化

　　「將政策課題**結構化**」這句話對一般人而言可能很陌生，它的意思是用算式、圖表、語言等方式記述政策課題。「**模型化**」也是相同的意思，與第2章以及第4章介紹的理論模型還有推估模型的「模型」幾乎同義，

比如使用算式的模型如下：

$$Z = \alpha X + \beta Y$$

Z為結果變項（依變項），X和Y都是自變項，假設X是可操作的因素，稱為**政策變項**，Y是難以操作的變項，稱為**環境變項**。這個算式代表社會狀態的問題Z起因於可以透過政策改變的因素X，以及難以透過政策動搖的環境因素Y。

　　以兒童學習能力低落為例，就是以上述算式的形式，表達兒童學習能力（變項Z）取決於授課時間或師生比（變項X）以及家庭環境（變項Y）。環境變項Y為家庭環境，可能包含父母的學歷、兒童在家中花在電視和電玩的時間、受經濟狀況影響的家庭教育費、親子共度的時間等。授課時間和師生比可以透過政策操作，但家庭環境並不容易改變。

　　再舉另一個例子，公民共同生產的案例中，結果變項Z為共同生產程度，政策變項X為分配給公民共同生產的預算以及人員等，而環境變項Y則是可以間接操作的項目，例如非營利組織的數量、居民領導者的數量等。不過，居民的參與意願和經濟狀況並不容易操作，可見政策變項和環境變項之間的區別，會根據看待因素的角度而異。

　　這種政策課題的結構，也可以使用在變項之間以箭頭標示的圖示來記述。此形式與前面介紹政策研究方法時的箭頭圖一樣，相信熟讀至第5章的讀者應該明白，「將政策課題結構化與模型化」這個陌生的句子所代表的就是釐清因果關係，其實我們已經在政策研究的範疇實行過。如果各位在研究中描繪過箭頭圖，應該可以使用於政策課題的結構圖。要是曾以多元迴歸分析進行驗證，那也可以用類似上述的算式寫出該問題。換言之，完成政策研究後，即可完成政策分析的第一階段──結構化。

預測未來

　　政策分析的第二個步驟是，預測未來若不處理問題的話會如何，例如預測未來持續少子化的情況，或是不處理學習能力低落的問題會怎麼樣。

方法包含延長過去的趨勢，以及德菲法（delphi method）。延長趨勢指的是調查問題現象從過去至今的變化，並將該趨勢投射至未來。此方法可運用政策研究的結果，透過研究找到問題起因後，再預測該因素會如何變化，或試著自由更動數值來進行模擬。舉個簡單的例子，在預測人口變化或年金財政時，會進行樂觀預估和悲觀預估。

德菲法是運用問卷調查的方法，請多名專家預測未來，再將結果蒐集起來進一步反覆預測。如此一來，預測結果會落在一定範圍，再採用該結果作為未來的預測。此外還有其他預測方法，各位可以參閱相關專門文獻。

設計政策草案

第三個步驟是設計控制問題的政策草案，即本章的中心課題。這個步驟也可以運用研究結果，當我們透過研究結果找到問題的起因，接著就會思考去除該原因的對策。解析出多個原因或多條路的複雜因果關係之機制後，透過操作連鎖因果關係的某個部分，試圖解除或緩和問題。

在前述學習能力低落的例子中，介入可操作的政策變項X，增加授課時間，或雇用輔助的教師，藉此提高學習能力，就是其中一個政策草案。而針對難以操作的變項，也可以設計出政策草案，改變屬於環境變項Y的家庭環境和父母行為，例如對父母提供資訊或宣導活動，以及補助補習班費用等。

而公民共同生產的例子中，政策變項X和可操作的環境變項有預算額、非營利組織的數量、居民領導者的數量，如果要以政策介入這些項目，可以做的有增加對公民活動的補助、擴大委託給非營利組織的業務、支援認證非營利組織、建立領導者培育計畫等。

一般而言，以圖表6-1的箭頭圖找出因果關係後，會發現有多個解除或緩和結果C的政策介入點，如同圖表中的閃電型箭頭所示，亦即作用於最根本的原因A或中介因素B、D。此外，也可以考慮阻斷這些因素的政策，而非直接作用於這些因素。政策的選擇取決於成效和經費，一般不只選擇一項，而是多管齊下。

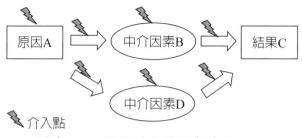

圖表6-1　因果關係的圖解與介入點

　　透過研究找出因果關係後，困難之處並不是選擇作用於哪個因素，更棘手的問題在於如何作用、有什麼可採取的手段。主要政策通常是禁止或促進人們從事特定行為，棘手的部分則是尋找出有效方法，又稱為**政策工具**，詳細說明請見第2節。

評估政策和選擇政策

　　第四個步驟是事先評估政策成效，比較衡量後再選擇政策；第五個步驟則是評估政策實施後的結果，以求更進一步的改善。這兩個步驟的核心為**政策評估（policy evaluation）**。

　　在決定要使用政策草案中的哪個政策時，必須了解各個政策工具會發揮什麼程度的成效，以及會花費多少金錢成本。政策評估就是在生產這些判斷材料，而在決定與實施政策前進行的這類評估，則稱為**事前評估**。

　　相對於此，**事後評估**是在政策實施後驗證該政策是否有效，以及是否花太多錢等。要是評估結果發現金錢成本與期待效果不成比例，那就要改善政策。不論事前評估或事後評估，政策評估的基礎概念與第5章以前講述的方法相同，這一點容我在本章第4節介紹。

2　有哪些政策工具？

　　從研究結果中找到解決或緩和政策課題的政策介入點之後，接下來該考慮的是能採取什麼方法。在學習能力低落的問題方面，候選的方法有由教育委員會增加教師人數、改革課綱、發放補助金支援去補習班的學童。

如果貧困家庭的兒童學習能力低落問題特別顯著，則可以效法歐美的政策，以進行生活保護為條件，要求學童有義務將出席率控制在一定數值。而公民共同生產的活化方面，除了前述增加補助金和擴大委託業務外，也可以由公部門對居民進行宣導，還有制定自治基本條例，增加居民參與政策決定的管道。

　　再舉另一個簡單的例子，請試著思考二手菸防治的政策介入。可能的政策工具包含由中央或地方政府制定法令條例，對吸菸者施加義務，要求職場或餐飲店必須實施禁菸或劃設吸菸區，進行補助或融資來推廣設置吸菸區設備等，我們可以想到多種政策。本節將介紹主要政策工具的概要。

政策工具的分類：至少三個政策工具

　　如前所述，用於政策介入的政策工具五花八門，為了盡可能淺顯易懂地介紹所有種類，我想介紹幾個理論比較好。有許多學者嘗試分類政策工具，目前尚無定論。公共行政學家新藤宗幸在《概說日本的公共政策》第二版（東京大學出版會，2020年）中分為三種，分別是①權力性禁止；②政府直接供應公共財和準公共財；③誘導（規定、補助、融資、稅捐優惠等）；經濟學家宮本憲一則在《公共政策的進展：何謂當代的公共性》（有斐閣，1998年）中概分為行政、司法上的方法以及經濟上的方法，並主張未來必須透過公開資訊和學習促進居民參與；法律學家阿部泰隆在《公共行政的法律系統入門》（放送大學教育振興會，1998年）中討論了監督、規定、計畫、行政指導、經濟方法等廣泛層面。依各學者的觀點不同，分類方式也相當多種。

　　在此，我想以直覺上淺顯易懂的分類為優先，採用①棍子（強制型）；②紅蘿蔔（誘因型）；③說教（資訊型）的分類（Bemelmans-Videc, Marie-Louise, Ray C. Rist, and Evert Vedung. *Carrots, Sticks, and Sermons: Policy Instruments and Their Evaluation*. New Brunswick, N.J.: Transaction Publishers, 1998），這種分類可以說是掌握了改變人們行為的政策工具。而英國的公共行政學家克里斯多福‧胡德等人也同樣分為

①資訊（政府設下資訊節點）；②權威（命令、禁止、許可等）；③財政（誘因），再加上④組織直接介入（Hood, Christopher C., and Helen Z. Margetts. *The Tools of Government in Digital Age*. Basingstoke: Palgrave Macmillan, 2007）。以下我也想依序介紹棍子、紅蘿蔔、說教，以及直接供應。

棍子（強制型）

只要找到引發政策課題之原因所在的個人或企業行為，就能以阻止該行為發生為對策，還可以更進一步使人們採取期望的行為。為此會以政府擁有的強制力作為根據，對個人或企業的特定行為加上義務，或是禁止特定行為。政府擁有的強制力具體上是指行政機關舉發違規者，課以罰金或徒刑等刑罰，也可以說是棍子與糖果的「棍子」。學術上稱為**強制**或**權威**，日常生活中應該是稱為**規範**吧。這種工具會限制個人的權利，因此必須以法律或條例來規定。

關於禁止行為的例子，日本以法律規定的有禁止特定工作採用派遣職、在規定場所禁止停車等，以條例規定的則有禁止在戶外禁菸區吸菸、在公共場所禁止亂丟菸蒂和垃圾等。違反以上規定者，將適用罰則（其中也有進行勸導的規定）。

至於對特定行為加上義務的簡單例子則是道路交通法的規定，行人必須走在人行道或道路右側，車輛（含汽機車）必須行走於車道左側，另外還規定汽車駕駛與乘客有義務繫上安全帶。在道路交通法剛修正時，有人曾批評將繫安全帶義務化是在侵害個人自由，但此項規定的確具有降低交通事故死亡人數的效果。

訂定規範的法律制度不僅限於單純的禁止和義務化，通常還會仔細制定行為樣態和條件。此時會使用許可、認可、執照等制度，詳細訂定許可等的條件。這種制度名稱多樣，但從法律觀點來看，可概分為許可和認可。

許可簡言之為先禁止特定行為，在滿足一定條件後才解除禁止，例

如當你在自家蓋了車庫，為了方便車輛進出，以及希望消除人行道的高低差，但你不能隨意挖路，因為此種行為可能危害道路交通安全，因此受道路法禁止，必須向道路管理者（中央或地方政府）申請以安全的方法施工，獲得許可（日本道路法稱之為「承認」）後才能進行施工。道路管理者會預先訂定考量道路交通的施工標準，以遵守該標準為許可條件。道路管理者也會建立監督體制，監督實際施工是否遵守許可標準，若於完工檢查時發現違反情事，就會命其改正，並適用罰則。

認可則不會針對從事違反規定的行為者適用罰則，但會否認該行為效力。此外，營業或執業的執照雖在法律上使用「執照」一詞，但在行政法學分類上屬於上述許可，另外也有名稱上使用「許可」但性質上屬於認可的狀況，必須注意。比起名稱或分類，各工具的目的和性質在這裡更重要。

規範的強制力以**罰金**或**徒刑**等刑罰作為擔保，某些地方政府的條例則規定違反者處以**罰鍰**。罰金和徒刑需由檢察體系立案，經由司法程序執行；違反條例的罰鍰則可由公部門職員執行。近年來也有法律或條例規定公布違反者姓名或企業名稱，畢竟在一定地區長期做生意的業者都會注重商譽，公布姓名的作法多少有些效果。但是，針對那些透過違反規定賺取利益後就轉移陣地的慣犯，不禁令人懷疑這種作法是否還有效果。

有一些規範並不使用法律上的強制力，而是以事實上的強制力作為後盾。過去的行政指導就是代表，後面也會提到，**行政指導**雖然只是呼籲，但因為有許可或認可的權限，因此也可帶來強制力。長期與公部門保持關係的業者，因為擔心將來別的業務被公部門找麻煩，所以會服從行政指導。藉由制定行政程序法，這種事實上的強制已被限制，但行政指導到現在仍被廣泛使用。

在環境領域，公部門與污染物排放者之間會簽訂**協定**。簽訂協定之行為本身基於業者的自由意志為之，但業者通常會在意外界目光，或許也不能說是自由選擇。一旦簽了協定，就會以民事訴訟擔保簽訂者遵守協定。

強制型（規範）的論點

　　導入強制型工具（規範）時有許多應考量的論點，以下介紹三種。第一種為是否能取締，以及由誰取締。取締指的是監督是否違反規定和適用罰則。在導入規範前，也必須考量是否能確保有充足的執行人員和完善的訓練等體制，並且一併討論罰則的程度相較行為之惡質性是否適當。

　　當規範對象的行為普遍度和需求高時，執行機關要建立強健的體制以及嚴格的罰則，否則無法落實遵守規範。例如派遣勞工的需求高，若沒有充足的執行體制，或僅有輕微的禁止罰則，那就會頻繁發生違規。而關於工業廢棄物的規定，由於監督困難，罰金比獲得的利益低很多，即使規定禁止也難以被遵守。

　　反之，如果罰則比行為之惡質性重上許多，執行機關就會猶豫是否該適用。舉例而言，地方政府是否能訂定條例，針對路邊吸菸者處以兩千日圓的罰鍰呢？考量到搶劫防治和交通安全等的優先順序，許多地方政府難以在每個街角配置路邊吸菸取締人員，即使真的配置了人員，且發現了違規吸菸的人，面對「這點小事也要罰錢」的反彈，此業務的承辦人員有辦法堅定應對嗎？假如民眾看穿政府無法收取罰鍰，那就不會再遵守規定了吧。雖然有些大都市的地方政府勇敢實施了這項規定，但似乎有許多未繳罰鍰的民眾，讓地方政府傷透腦筋。

　　關於第二個應考量的論點，由於規範是基於強制力的強硬政策工具，因此必須在導入時考量是否會毀譽參半。我們經常見到政府制定的罰則不被利害關係人（尤其規範對象）理解，使得主管部會放棄導入規範的案例。反之，有些規範可能會使特定的社會團體得利。例如導入新制度去限制新的團體從事特定行業，只核發執照給既有業者，限制以後的團體參與，等同於保護既得利益者，這種規範不僅有損社會公平性，甚至可能扭曲資源分配的效率，減弱社會活力，因此常有人呼籲鬆綁限制。

　　最後，必須慎重考量如果中央或地方政府導入規範，禁止特定行為，那是否真能解決問題。例如當社會存在派遣勞工被解僱的問題，政府想禁止特定行業僱用派遣勞工，但卻出現批評聲浪，指出企業極其需要依景氣

好壞來調整僱用方針，質疑此規範並無法促進企業增加僱用正職和長期僱用，更擔心企業只在景氣好時僱用員工，甚至直接出走國外。

紅蘿蔔（誘因型）

公部門可以透過給予**誘因**的方式，不讓個人或企業進行會引起社會問題的行為，藉此誘導該對象從事期望的行為。此種工具包含補助金、稅金（減稅）、手續費、課稅等。

補助金有補助、輔導金、獎勵金等各種名稱，指的是針對從事社會期望行為的個人、企業或團體等，由中央或地方政府給付一定的金錢。例如，為了增加年輕人就業，政府推出對企業補助的政策，並以僱用的年輕人人數作為計算基準。此外像是「節能家電補助」、「節能汽車補助」，對於在景氣低迷的時期提高家電和汽車買氣發揮了很大的效果。雖然該政策以滿足節能標準的產品為對象，但也促使民眾在原有物品還能使用時就換新，或是買了過大的產品，令人質疑該政策在節能方面的貢獻。

接著介紹的政策工具是**減稅**，減免原先課的稅，能帶來與補助金相同的效果。例如，日本政府結合前述節能汽車補助金的政策，推出了「節能汽車減稅」政策，強力推動了汽車買氣，甚至交車時程要排到好幾個月後。而政府經常使用的「房屋貸款減稅」則是在一定期間，可將購買自用住宅的貸款自所得稅額等扣除，進而降低所得稅，此政策與降息組合，成為促進房屋買氣的強大工具。

反之，對於不希望進行的行為課以稅金，可視為負向誘因。例如，環境稅藉由以汽油等石油產品的價格乘上一定稅率，意圖抑制石油產品的消費。只要汽油價格上升，消費者就會減少使用汽車，企業也會積極增加運輸效率，結果將能抑制碳排放。而菸稅則可以減少對健康有害的香菸消費，藉此改善國民健康。

中央和地方政府也會透過操作公共服務的手續費、對價、公共費用等，來改變個人或企業的行為。例如提高水費，就能減少使用量。而針對過去由公部門免費提供的福利措施，開始要求由使用者負擔部分的話，就

能降低使用量。目前醫療費用原則上由保險負擔七成，長照服務由保險負擔九成，剩下的則由使用者負擔，但如果減少保險負擔部分，增加使用者負擔比例的話，應該就能抑制醫療或長照服務的使用量。此外，日本的「1000日圓高速」政策是爲了振興地方經濟，而在一定條件下將假日的高速公路過路費定爲1000日圓，但卻在部分路段造成了嚴重的塞車現象。雖然高速公路是由高速公路公司經營的，降價和免費的成本卻是由政府負擔。反之，如果提高都市壅塞路段的過路費，則能預期駕駛會減少使用，因而減少汽車通行量，緩和塞車現象。

誘因的論點

使用誘因時，該考量的論點是政策具有多少效果，必須運用經濟學理論愼重討論。例如，有人批評節能家電補助和節能汽車補助的補助金和減稅政策大幅借用了未來的需求，由於政府的介入扭曲了消費行爲，考慮到政策結束後的買氣將大幅下滑，就不應該長期實施。

稅制的改變也會大幅影響國民的行爲，以菸稅爲例，日本多用於塡補財政不足的空洞，但調高稅率會造成消費量減少，未必能增加稅收。消費減少的量因消費品的價格彈性而異，相較於菸品，調升水費或課徵水源稅並不會輕易減少水的使用量，或許洗車次數會減少，但人類生活必須用水。而菸價上漲，則可能連愛菸人士都會減少吸菸量。或許癮君子沒那麼容易放棄，但應該會有人考慮以此爲契機戒菸吧。關於價格彈性的詳細說明，請各位參考經濟學或財政學的教科書。

此外，我們也必須考量誘因對非直接對象的行爲或主體造成的影響。例如，「1000日圓高速」政策如期待般增加了自用車使用量，但卻使鐵路和渡輪等大眾交通工具的需求減少，甚至有業者面臨歇業，還有嚴重塞車的問題也讓客運和運輸業者在經營上苦不堪言。政策結果更可能產生副作用，導致石化燃料使用量增加，與降低溫室氣體排放量的政府方針形成矛盾。沒有確實評估過這些結果，就直接導入高速公路免費化的「實驗」，這種政策決定實在令人感到疑惑。在導入將大幅改變個人或企業行

為的誘因前，也必須愼重討論對政策目的以外的影響才行。

　　大多數時候，誘因會與規範組合使用。只要被規定的人認為遵守規範有好處，至少負擔並沒有太大，那遵守率就會高。如此一來，完善取締制度的負擔也不會太大。此外，當預期政治上難以導入規範時，中央或地方政府也可能會透過承諾補助金的方式，來說服利害關係人。

　　和規範一樣，調高稅金或手續費也等於增加某些人的負擔，所以這種政策經常被政治化，如何取得負擔者的同意就變得極度重要。基本上，政府會說明想解決的問題有多嚴重和急迫，以此來說服民眾，或是保證會將稅收等使用在負擔者身上，以此作為說服的依據。

說教（資訊型）

　　導入規範以及取締違規者需要花費金錢成本，提供誘因也需要財源。而公部門的理想是個人和企業願意進一步遵守規範，因此中央和地方政府會透過提供資訊和宣導活動，試圖提高規範對象的遵守意識，他們最期望的是可以不用導入規範或誘因就使人們改變行為。雖然提供資訊或宣導活動也需花費金錢成本，但遠低於規範和誘因。

　　有許多關於提供資訊和宣導活動的例子，基本上都是由行政機關提供基於正確資訊和科學根據的見解，人們則根據這些資訊採取適當的行為。例如，由可信任的研究機構公布「吸菸者罹癌率高於非吸菸者」的資料，或提供「二手菸提高家人發病風險」的醫學見解，就能促進戒菸比率。公布「繫安全帶能預防死亡事故」的資料，也能提高繫安全帶的比率。為了防止兒童和自行車騎士的交通事故，警察等單位實施交通安全教育，這也是其中一個例子。此外，還有對成人實施的消費者教育以及防止詐騙宣導。

　　然而，提供資訊以及宣導的成效有限。舉例而言，關於自備購物袋的環保措施，實際上只由公部門呼籲其之於地球環境的必要性，並無法改變多數消費者的行為。即使說是為了未來的地球環境和下一代，也會被認為是遙遠的未來，而敵不過當下的方便性和舒適性，這也可以說是理性的判

斷。在這個案例中，需要誘因和規範的介入，規範店家不能提供免費塑膠袋，比較能強力影響消費者。

　　同理，為了抑制家庭電力需求，可預期光靠宣導的成效有限，調漲電價的方法更有效，如果民眾不允許漲價部分的收益進入電力公司的口袋，那就聯合地方政府課稅即可。只要將稅收用於補助替代能源，應該就能減輕用電者的不滿吧。

　　在介紹規範的時候曾稍微提及**行政指導**，如果行政機關的要求並沒有運用強制力，只是純粹的「提醒」，那也屬於此類。雖然有人或企業會因為是公部門的要求而遵守（或許因為習慣聽從權威），但也有人是認為要求本身合理，或規範意識高的緣故。例如，針對「為了地球環境，請提高冷氣溫度一度」或「請不要在人潮擁擠的路上邊走路邊吸菸」的要求，應該很難提出異議。

　　一般認為，比起公部門直接針對要求對象提出要求，更有效率且效果更好的是向該對象組成的團體提出要求。如果對象是個人，那就要求學校或自治會、里民會遵守。這種傳達方式有效率也有效果，因為這類團體具有監視的功能，能監督底下成員是否確實遵守行政機關的要求。如果對象是企業的話，則要求產業團體。例如，日本政府經常要求日本經濟團體聯合會促進僱用或投資國內。森田朗的《許可、認可行政和官僚制》（岩波書店，1988年）就是研究這類工具的書籍，其研究運輸政策之施行，指出公部門運用產業團體所進行的各種控制方法。

資訊的蒐集方式

　　要進行行政指導前，或要對特定對象團體提供資訊前，仍必須先蒐集資訊，掌握問題行為的實際情形。為此，行政機關可能會花錢進行調查，但更常使用的是使行為人自行提供資訊的方法。這種方法包含**登記申請**，對那些要進行特定行為的對象，賦予向公部門登記申請的義務。有時候還會規定違反登記申請義務的人會有罰則，或是規定未被受理的行為不具法律效力。登記申請的例子包含結婚登記、戶籍遷移等生活相關的登記申

請，以及景觀條例等相關的登記申請。

　　舉例而言，搬家的人如果沒遷移居住戶籍，就無法登記住址，也無法接受基於居住戶籍的行政服務，因此大部分的人都會主動辦理（期限內未辦理者將處以罰鍰）。公部門會透過登記申請的內容獲得對象的姓名和前一個戶籍等資訊，可以基於這些資訊課徵居住稅，以及提供行政服務。而景觀條例的相關登記申請，能讓承辦局處從計畫階段開始依據標準審查，並且指導計畫修正，確保建築物與周圍的景觀互相調和。

　　行政機關蒐集資料的方法還有**申報**，我們最熟悉的報稅即屬此類，計算一年的所得和所得稅額，向國稅局申報，並基於該申報資料繳稅。多數受薪階層會被預扣所得稅，在工作單位發薪前先被扣除稅金，然後在申報時繳納不足的稅金，或拿回多繳的稅金。此外，大家應該也都知道，針對從國外旅遊帶回或寄回的物品，也有相關申報制度，確認那些物品是不是菸酒等免稅範圍內的物品，同時確認沒有夾帶毒品、仿冒品、爆裂物等違禁品。

　　海關人員會基於旅客的申報進行**檢查**，在必要（不確定標準是什麼，大概是來源國或身分等）時打開行李，確認內容物。而前述景觀條例相關的登記申請，以及道路施工的許可申請等，也會由公部門職員在建築施工或道路施工的過程中以及完工時檢查，確認施工時是否遵守行政機關訂定的標準，這種檢查也可以視為蒐集資訊的一種。

　　還有一種行政機關主動蒐集資料的方法──**訊問**。警察會對行為可疑的人進行「盤問」，因為目的是蒐集犯罪相關資訊和預防犯罪，因此也屬於此類。

　　此外還有很多種蒐集資訊的方法，有興趣的人可以閱讀前述引用之胡德等人的書，很遺憾目前似乎沒有翻譯本。

直接供給與相關論點

　　關於將政策課題原因所在之個人或企業行為改變為期望行為之政策工具，前面分成了三個類別概說。除此之外，解決問題的工具還有由中央或

地方政府直接行動，提供財務或服務的方法，在此我先稱之為**直接供給**。

舉例而言，為了振興地方，政府會興建交通基礎建設（道路或鐵路等），促進縣市之間頻繁交流，或是由公所舉辦觀光活動，吸引遊客。而促進就業的政策除了政府發放補助金增加企業的僱用外，也會由地方政府製造工作機會，僱用那些遭解聘的人。至於前面說過的學生學習能力低落問題，相關政策包含政府增加教師人事預算，實現小班制，或是修改學習指導要領，增加授課時間。

中央和地方政府直接行動或直接供給，代表的是出錢僱用人、提供服務、建立新事物，執行這些事本身並不困難。但是，個人和民間企業也能做到這些事，甚至現在已經在做，那麼該考慮的論點就會是如何劃出政府與民間角色的界線，以及為什麼能正當化中央和地方政府的直接供給。

在公共政策學和公共行政學的教科書中，政府活動的意義在於提供公共財。**公共財**無法排除沒負擔費用之使用者，任何人都想免費使用這種財物，都想**搭便車**，如果放任市場機制將會供給過少。國防和警察就是典型的例子，一般道路和治水設施等基礎建設中也有不少例子。例如，我們不可能劃出一條長長的一般道路，然後說要收取過路費，如果有人造了路，我們會想開心使用，但自己卻不會想出錢興建對吧。因為大家都這麼想，結果就不會有人去造路。或許想使用道路送貨、進行生產活動的企業家願意出點錢整備道路，造福大眾，但應該不會造出能支撐地區生活或經濟活動的路網吧。

為了解決這個問題，政府必須運用強制力徵收費用（稅金），供給適當的量。多數政策課題的解決對策都具有這類性質，因此由政府供給財物或服務就變得正當化了。

以學習能力低落的問題為例，解決這個問題是讓學生得利，同時也能透過培養優秀人才支撐國家的產業，為國民帶來財富，因此學校教育也具有公共財的性質。或許自己的小孩成年後成為企業家，會抱怨「為了別人家小孩的教育而繳固定資產稅，真是夠了」，但企業家也是在教育政策開花結果下享受產業振興和穩定治安的利益，才能僱用優質勞工替自己賺

錢。如果不負擔稅金，就等於免費享受教育的**外部效果**。事實上，只要調查地區歷史就會知道，日本現代化的過程中常有村民和資產家共同出錢蓋學校和鐵路的案例，可以說他們都相當了解公共財的意義吧。

近年來，政府直接供給的評價都不太好，原因是無法發揮競爭性，比市場供給還要沒效率。過去被認為應由政府進行的服務，例如郵政業務等，也逐漸**民營化**。中央和地方政府由於財政困難而不得不效率化改革，加速了這種**趨勢**。

然而，多數行政服務即使民營化也沒有利潤。這種業務會由中央或地方政府出錢，透過招標的方式委託給民間企業，以求效率化。垃圾清運和經營公共設施等許多領域，現在都以**委託民間（外部委託）**，藉由將業務委託給出價最低而得標的業者，就能幫助中央和地方政府省錢。更進一步的方法還有在托育或教育領域發放**消費券（voucher）**給使用者，讓使用者選擇機構，以消費券支付業者的使用費。愈能提供好服務的業者，會有愈多使用者選擇，藉此發揮競爭性。中央和地方政府運用向國民收取的稅金來負擔費用，維持服務的供給量，同時透過發揮競爭性，避免公部門因為直接負責業務而變得沒有效率或僵化。

3 要使用哪個工具？

前面介紹了四種政策工具，政府會使用這些工具，對政策研究解明的介入點實施對策。那麼，該針對哪個介入點使用哪個工具呢？

政策研究經常會發現多個造成問題的原因，或是找到兩條以上從原因走向結果的路徑。當介入點不只一個時，就要思考針對根本原因（圖表6-1的原因A）實施對策，假如有技術上的困難，則針對所有走向問題的路徑（中介因素B、D或箭頭）實施對策。但是，無論技術上或財政上，都不太可能針對所有的點介入。此時，必須評估從哪個點介入最有效，花的錢也最少。關於該目的的評估，將於第4節介紹。

除了決定介入點以外，也要選擇政策工具。必須連同介入點一起思

考，該使用前一節說明的哪個工具。然後，針對規劃出來的工具，還要再進行評估。

　　舉個簡單的例子，請想一想工業廢棄物非法棄置的問題。假如透過研究，我們明白非法棄置橫行的原因是廢棄物排放量遠高於合法處理場的容量、處理費用因此高昂、郊區取締鬆散、被抓到的罰則並不高。這些都是我虛構的因果關係，我把它們整理成圖表6-2。根據該圖表，如果要推行減少廢棄物的對策，可能的作法有規定土木建築業者或製造業的企業、醫院等單位有義務回收和減量廢棄物，這屬於強制型工具。此外，也可以補助這些單位，讓他們有賺頭。實際上，政府正實施增進技術研發的政策，將用完即丟的鋼筋板模再利用。或許也有針對廢棄物收費以減少排放量的政策，但可能反而助長非法丟棄，必須審慎考慮。

　　以上是需求面的對策，而供給面的對策則有增加處理場，包含由中央或地方政府直接興建處理場、委託廢棄物處理業者、提出補助金、說服反對居民等促進興建的方法。此外，也有延續使用既有處理場的對策。

　　我們還可以想一想如何阻斷排放廢棄物之非法棄置的路徑。雖然增加

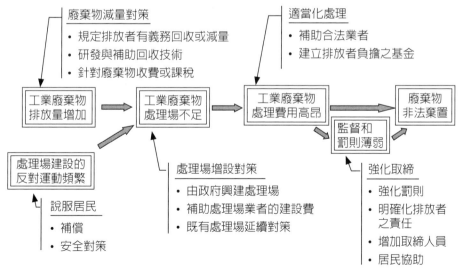

圖表6-2　關於工業廢棄物非法棄置圖解的思考對策

處理場是最有效能降低高昂處理費的方法，但如果難以實現，也可以補助合法處理的業者，或事先要求排放者（最終會轉嫁給消費者）負擔費用，以基金等方式補助處理費。爲了強化取締違規者，也可以增加和訓練監督或取締人員，或是強化罰則。至於在監督人員難以注意到的郊區，則可以進行宣傳，吸引居民注意，請非法棄置熱點區域的居民提供資訊，甚至協助監督。

　　像這樣稍微腦力激盪，就能從前一節介紹的政策工具中組合出各式各樣的對策。每個對策都很重要，如果技術上或財政上可行，其實所有組合都想實施看看。但是，降低回收費用在技術上並不容易實現。取得處理場預定地居民的同意也相當困難，實際上大部分都沒有成功增設。在技術、財政、政治的限制中，不得不選擇最剛好可行的政策。而且，不只是在可行的工具中選擇，還要從社會福利、教育、治安、振興地方等迫切的領域課題中做出選擇。爲了做出這些選擇，必須盡可能客觀預測和判斷所需花費和成效，並且公布預測結果以說服相關人士，這就是下一節要介紹的政策評估的其中一個重要功能。

4　政策評估的基礎

　　前面說過，政策評估分爲事前評估和事後評估，前者是在決定政策前進行，決定並開始實施政策後，再透過後者分析成果。無論事前評估還是事後評估，基本概念都一樣。我們可以說，事前評估就是基於事後評估的基礎，針對人爲模擬的事後狀況進行實驗、蒐集資訊、統計分析，在實施政策前預測政策成效。

　　在第5章以前，我介紹了社會實驗、隨機化、比較、指標等基礎概念。而政策評估也可以運用這些概念，換言之，只要理解政策研究的方法，就能掌握政策評估的基礎知識。以下將從政策評估的觀點重新整理前面介紹的內容，在各式各樣的政策評估方法中，介紹衡量政策成效的（狹義）政策評估、績效評估、成本效益（成本效能）分析等三種。

評估的基本概念

　　政策評估的中心為從科學角度客觀地衡量政策成效，如同我再三強調般，政策評估就是解析因果關係，探討政策帶給作用對象多少變化。因此，實驗和比較等檢驗假設的方法，和政策評估的基本概念是相通的。

　　以政策評估而言，理想的方法是實驗，讓我們重新複習第4章介紹過的社會實驗吧。社會實驗就是將調查肥料和農藥效能的實驗方法套用在社會現象，實驗中會建立實施對策的實驗組和不作為的控制組，同時還必須應用隨機化。藉由隨機化，可以得到除了實施對策以外的條件都相同的兩組，這是推估政策成效的關鍵，因為如果經過一段時間後，兩組的情形有差異的話，就能探討原因是否出於該對策。

　　如果立足於此概念，打算設計政策評估實驗，那就要進行隨機化，建立實驗組和控制組，並且比較兩者。由於實驗組經過政策介入，因此算是事後評估。但假如是在正式實施政策前，選擇小規模的目標群體和區域，實驗性地實施政策，那也可以當作事前評估，幫助人們決定政策。

　　如前所述，實驗可能遭受倫理或政治上的批判，並不容易進行。因此，也可以使用替代方法，以下介紹兩個方法。

　　第一個方法是**準實驗設計（quasi experiment design）**，其中一種為**配對法**，在第4章曾稍微提過，這種方法是根據所有影響結果的重要因素，從目標群體之中選出與實驗組相近的人，以此組成控制組之後再比較。如此一來，即使不事先建立不作為的控制組，也能從調查一般人的資料中，事後選出能與實驗組對照的資料，來進行比較。

　　第二個方法則是不事先施行政策，僅透過統計分析預測政策成效。第4章曾舉例過的社會實驗是針對窮人實施租屋補助的政策，為了預估該政策的成效，可以使用統計分析的方法，不進行實驗。為此，研究員會蒐集目前的居住面積和家戶所得資料，以居住面積為依變項，所得為自變項，進行多元迴歸分析。由於所得以外影響居住面積的變項包含家庭組成、戶長年齡、性別、居住地區的租金行情等，也要將這些變項視為自變項進行多元迴歸分析。透過此方法，可以知道所得每提高1000日圓（1日圓也可

以），居住面積就會增加多少平方公尺。而所得以外的因素，因為也進行了多元迴歸分析，所以可以在統計上進行控制。假如先不考慮搬家費用，因為租屋補助等同於增加所得，因此可預測租屋補助金額的設定能增加多少居住面積，以評估政策成效。在此方法加入是否為政策對象（在此例為是否接受補助）之自變項，便能使用於事後評估。

在進行政策評估時，會畫出邏輯模型，據此測量政策成效。**邏輯模型**（**logic model**）指的是將發現政策成效、改變政策介入對象之路徑描繪出來的圖，例如圖表6-3就是評估職業訓練課程的邏輯模型。為了測量訓練課程帶給學員多少就業幫助、改善多少年輕人就業困難的社會問題，我們預設達成政策目的的路徑分成兩條，一條是讓未就業的年輕人參加訓練課程，提升他們的職業技能，並消除求職與求才未配對成功的狀況，以促進學員就業，另一條路徑是讓曾經找工作失敗而放棄的年輕人透過訓練課程找回自信，並積極找工作，以順利找到工作。

只要換個觀點，就能把這種邏輯模型當作有關政策和結果之因果關係的假設。換言之，我們可以應用第2章學到的建立假設、畫出箭線圖的方法。

圖表6-3的**結果**指的是政策帶給介入對象和社會的變化，**中間結果**是

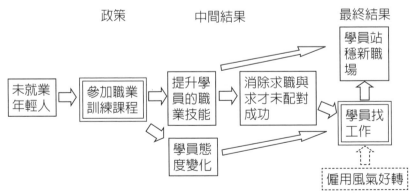

圖表6-3　評估職業訓練課程的邏輯模型

資料來源：秋吉貴雄、伊藤修一郎、北山俊哉《公共政策學的基礎》第三版（有斐閣，2020年）。

在政策的結果中立即發現的變化，**最終結果**則是隔一段時間發現的變化，也是政策最終目的最重視的變化。在圖表6-3中，提升學員的職業技能是中間結果，學員就業和站穩職場、降低失業率都是最終結果。與此相關的術語還有**投入**和**產出**，前者指的是爲了實施政策而投入的資金、人員等資源，後者則是政府投入並活動後所產出的事物。以圖表6-3而言，講師的鐘點費、教室的租借費、行政人員（的薪水）是投入，而職業訓練課程本身就是產出，參加的學員也是產出。因此，測量產出指的就是計算課程開辦的次數、總時間數，以及學員人數等等。

績效評估

要進行以實驗設計爲中心的政策評估，就需要花錢和專業知識。因此，愈來愈多人轉而運用較簡單的績效評估。**績效評估（performance evaluation）**指的是以單個或多個目標數值標出應透過政策達成的結果，並於政策實施後評估究竟達成了多少目標。爲了知道政策是否達成目的，理想上會使用結果指標，但也有許多人是針對產出設定指標。因爲要將結果蒐集爲數據資料有其限制，而且要發現政策成效也相當費時，通常難以設定結果指標。

績效評估所使用的**指標**，與第2章介紹的指標概念相同。在第2章，爲了具體觀察抽象概念，因此設定了指標。而在績效評估的設定，則是爲了掌握難以客觀檢視的政策成效和達成度。雖然目的稍有不同，但將難以檢視的內容具體化爲數字來進一步掌握，這一點是相通的。

爲了記述公部門各式各樣的活動，會從多個視角設定績效評估的指標。例如，有犯罪發生率、逮捕率、大氣污染或水質污濁等級、學習能力測驗分數、企業成立件數、失業率等等。近年來，愈來愈多人設定多項這類指標，定期測量與追蹤變化。雖然績效評估這種評估法不像實驗設計那般嚴密，但藉由設定簡單易懂的指標，能客觀顯示政策達成度。運用這個方法的特長，可以改善公部門的效率，並發揮對居民的說明責任。

雖說績效評估愈來愈被廣爲採用，但實際使用上有幾個注意事項。首

先，政策結果的指標會受各種因素影響而變動，所以不應隨便代表政策成效。例如，年輕人的失業率雖是有力的候選結果指標沒錯，但除了失業對策外，也會大幅受到景氣和外國人競爭影響而變動，我相信透過本書學習的讀者應該都充分了解這一點了。

第二個要注意的是，取得適當表現目標現象的指標並不容易。能挪用失業率等社會指標的案例有限，雖然也有行政機關實施政策時就自然能蒐集到的資料（例如低收入戶人數、參加職業訓練課程的人數等），但大多都是關於產出的資料，而非結果。只不過，若要自行蒐集關於結果的資料，就必須做好花大錢的心理準備。

第三個要注意的是，這是為了誰的指標。假如我們將地價當作經濟活動或社區營造政策的指標，當地區振興政策活絡了經濟活動，使地價上漲，對企業、商店主、地主或許是件好事，但對於勞工而言，在工作機會變多、賺的錢增加的同時，也可能因為房租變高而更難生活。因此，如果只設定偏向企業或地主立場的指標，可能會造成片面的政策成效。本書介紹的解析一連串因果關係的方法，也有助於突破這些困難點。因為運用這些方法，可以想出候選的替代指標。

成本效益分析、成本效能分析

上述政策評估（狹義）和績效評估都未考慮到政策成本，因此還缺少排列政策優先順位的判斷材料。若要考慮政策成本，可使用成本效益分析。

成本效益分析（cost-benefit analysis, CBA）指的是將政策的效益（Benfit）和成本（Cost）換算成共同的金錢尺度，比較兩者後再評估。由於會使用效益／成本之算式，因此又稱為B/C，只要該算式結果超過1，就能判斷效益高於成本。

使用這個方法的重點，在於如何將效益和成本換算成金錢。補助金本身就是錢，用於直接供給時可以使用市場價格，但規範呢？因為規範沒有市場價格，所以必須依據經濟學理論來推估。此外，效益幾乎都沒有價格，尤其透過政策保護大自然或遊憩區的效益並不容易推估。不過，關於

這一點，有一個方法是詢問目標團體，例如詢問「你願意負擔多少錢保護○○地區的大自然」。

　　另一個困難處在對於不同人的效益或成本有不同的金額，容易產生爭論，這一點與指標設定相同。如何換算效益的問題，也有可能演變成政治問題。日本國土交通省曾經進行成本效益分析，然後宣布凍結效益低於成本的道路建設，引發縣市首長和國會議員群起反對，這件事仍令人記憶猶新。當時各界認為應在計算道路效益時，加入救災生命線和縮短急救時間等價值，如此一來效益就會高於成本。此案例足足顯示，效益的範圍如何訂定會成為考量的論點。

　　如同上述案例，近年愈來愈常使用成本效益分析了。由於此方法能客觀、公開透明地判斷如何選擇政策或是否中止公共事業，因此受到各界歡迎。但是，我們不應該過度期待運用此方法能決定一切。

　　成本效能分析（**cost-effectiveness analysis**）指的是只將政策成本換算成貨幣，呈現出為了達成所求結果所花的成本。例如，使小學生的標準考試分數進步十分的政策包含小班制與課外補習，呈現其各自的成本後，再選擇花費最少的政策。也可以反過來呈現假如使用100萬日圓的預算，能提升多少標準考試的分數。使用成本效能分析時，比較的政策必須有相同類型的結果，例如不能拿道路計畫來比較教育政策。

　　透過政策研究解析問題因果關係，決定政策介入點，提出各式各樣政策草案的過程中，在判斷如何選擇時，上述方法將派上用場。同時，我們也應理解各個方法的極限。

5　小結：如何活用政策提案的技法

　　本章介紹了將政策研究結果應用於政策的方法論，政策提案的代表性方法為政策分析，其步驟大致與政策研究相同，本章介紹的新內容則為政策草案設計與政策（草案）評估，而該兩項步驟也可套用政策研究的方法。首先，政策草案設計主要是基於政策研究解開的因果關係，進行政策

介入，如去除原因、阻斷原因造成結果之路徑。政策介入時使用的政策工具五花八門，全部使用並不實際，所以如何選擇是一大問題。選擇政策工具的方法是使用政策評估，衡量政策的成效與成本，當作選擇政策的判斷材料。而且，政策評估也可以應用政策研究的方法論。

　　作為本章的小結，我想針對如何應用政策規劃方法論給各位建議。首先，對實務工作者而言，本章介紹的政策提案步驟（尤其是政策設計方法和政策評估方法）是否能適用於現實中的政策過程呢？

　　關於政策草案的討論和提案，實務上的討論多委由審議會或智庫進行。對社會影響愈大的政策，就愈有這種傾向。但即使如此，也不能將政策提案全丟給審議會等單位，各局處也該提出草案。為此，我希望各位能善用本書傳授的方法和知識。在各位諮詢、委託時，政策研究的方法論能幫助各位指定格式，也有助於後續確認結果。第3章介紹過如何尋找專家，請記住本章介紹的內容，釐清自己希望獲得建言的部分，然後委託能給予回饋的專家。不論是找出因果關係、提出強制型工具、誘因型工具、預測政策草案的成效，應該都分別有合適且專業的研究員，此種人才委託正是催生好政策的關鍵。

　　而關於政策評估，實際上雖然的確會實施政策評估，但其實很少案例是真的遵照本章介紹的評估方法來進行政策選擇。然而，不論最終決定是憑直覺，抑或取決於相關機關的權力關係，在決定的過程中討論政策利害得失以及說服利害關係人時，仍會自然而然使用與政策評估基本概念相似的思考方式。在我以前所屬的職場中，有向主管提出意見的制度，方法是針對必要問題，列出預設對策的優缺點。政策評估的方法則較此方法更科學，理解本章敘述的方法後，各位將能更客觀理性地進行平時的實務工作。

　　接著是我對學生的建議，各位或許都想做建議政策型研究，畢業論文中也不乏能看到許多建議政策的研究，但卻很少令人驚豔的內容。雖然能感覺到這些學生「想讓世界變好」的熱情，但他們的建議很難產生說服力。

　　我在序章說過，建議政策型研究探討「該怎麼做才好」，是可行的研究，而我直到本章才介紹其方法論。換言之，本章介紹的內容就是建議政策型研究的方法論。只不過，單靠此方法論未必就能使研究成立。

　　因此，我建議各位學生先進行探討原因型研究，再基於該研究結果提出建言。或許你會覺得這個作法很迂迴，但這個作法能提高說服力。本章的說明也是以依循第1章至第5章的研究結果，作為提出政策草案的前提。

　　如同序章所述，某些研究主題已有許多人探討過因果關係，幾乎可說是已找到原因，今後的課題則是從多個提案中選擇適合的政策草案。關於這類型主題，各位可以專心將重點放在提出建言。那麼，此時該如何展示自己的研究成果呢？我建議各位運用本章後半介紹的政策評估方法，針對自己提出的政策草案預測實施結果及成效。

　　然而，即使理論上了解政策評估方法，實際上並不容易執行，最佳作法是進行社會實驗，第二佳則是分析來自行政機關的實驗資料。由於這類機會都不多見，因此我建議各位善用統計分析，進行比較。前面已介紹過統計分析的方法，但光靠本書並無法精通，必須另外研讀統計學。比較的方法則是尋找實施類似政策的案例，與未實施的地區（或同一地實施前後）進行比較，衡量政策成效。透過該比較，或許能發現政策實施的來龍去脈。假如發現多個實施政策的地區，還可以在比較後依成功度分類，並觀察此差異的產生原因。我們可以從這些分析推導出目標鄉鎮能否適用該政策，運用本書的方法即可達成以上步驟，提出具有說服力的建言。

　　最後是我對專題課教師和研習講師的建議──讓專題課學生／研習學員一起討論政策草案。學員各自或分組進行前四章的研究，並且在口頭發表成果後分享因果關係解析圖，讓大家一起討論該以什麼樣的工具介入。至於提出原案和帶領討論的工作，不妨就交給研究的學員或小組吧。我認為討論政策草案具有教育價值，花費時間也不亞於研究結果口頭發表的所需時間。

後記

　　我已毫無遺漏地介紹完政策研究的方法論了，接下來就請各位運用方法論實踐政策研究。首先，依照本書的步驟，從建立研究命題開始，並且要寫在筆記本上。我認為依照本書的步驟進行便能有效率地大致學會方法論，不過接下來，各位要繼續遵循本書也好，加入自己的改編也無妨，研究本就講求原創性，在研究方法方面也可以盡情發揮。

　　我希望將本書當作參考書進行研究的學生能不怕失敗，也可以聚焦於自己不了解的領域、政策、社會問題，嘗試將其納入研究吧。透過仔細查詢，應能慢慢了解自己一開始不了解的事物。雖然數據或資料取得的難易度取決於各位選定的主題，不過更重要的是選擇自己有興趣的命題。即使是乍看之下難以取得資料的主題，在各位的努力之下將會找到可行之路。

　　如果各位從中獲得新發現，請務必分享給專題課的夥伴或指導教授，並且一起討論。假如有機會報告或提出論文，也請積極運用。在職員研習上取得本書的實務工作者也一樣，雖然在忙碌之餘參加研習，很容易淪為休息時間，但難得有這個機會，請好好把握。

　　而若是想自我鑽研的讀者，又該如何實踐政策研究呢？我認為可以先針對職場或地方社會面臨的問題，建立研究命題和假設。各位當然可以獨自進行，不過我會建議找其他人一起做，最好是與同事、同期夥伴、一起從事公民活動的朋友組成**自主研究團體**。

　　常參與中央或地方政府事務的人應該大多知道，自主研究團體經常針對每天處理業務時產生的疑問或課題，與跨職場的各類型成員一同討論。此類團體曾於1970至1980年代盛行，有些地方的職員研習室甚至會提供費用和場地，將自主研究團體制度化。雖然現今風潮已過，但我認為自主研究團體的意義仍未消失。

　　自主研究團體有許多優點，與各式各樣的成員討論，能得到關於課題

分析的新觀點與解決對策。聽不同領域的人分享意見，往往能注意到自己未曾想過的觀點。透過團體討論，也能學會如何具有邏輯地主張自己的想法。在自主研究團體上，大多會針對職場上的問題發表意見與討論，為了向那些在不同部門、不同職場工作的人傳達自己的現況，必須有邏輯地說明才行，這是一個培養邏輯的大好機會。另一個優點則是能將團體上討論的結果，回饋給職場。

上述自主研究、團體學習的優點，與序章強調的政策研究之意義有許多共同之處。只要在自主研究團體上基於本書進行研究，想必就能比獨自鑽研更具效果。對於自由探索的自主研究團體而言，具備方法論的意義重大，能幫助充滿抱負的成員產出實質結果。

最後，我想介紹政策研究如何在現實中規劃政策時派上用場，然後做個結論。我想各位一路實踐了政策研究，應該感受到建立假設和驗證假設的難度，而且後者又比前者更難。這種感受很正常，就連專家在研究時，也經常無法對假設做出足以信服的驗證，即使提高了可信度，最後仍停在假設階段。社會科學就是反覆地驗證，質疑資料支持的假設，然後再以下一個假設克服質疑，知識便在此過程中累積。

讀到這裡，應該有讀者會擔心，基於這種暫定知識所提出的政策，真的能執行嗎？這種擔憂相當合理，但我認為即使如此也可以執行，至少應該能改善現況。現在許多政策論戰只是在互相發表對政策的意見，爭論大家喜歡的政策是哪一個，但就如同第2章所述，我們無法驗證喜歡的政策是哪一個，也無法驗證該相信什麼。換言之，這些政策論戰終究無法做出結論。本書一直強調要基於有關因果關係的假設及其驗證結果來提出政策，如此一來才能聚焦於對立政策草案背後的假設，並且討論出最具有可信度的假設。即使那些假設都未經過充分的驗證，仍只停留在假設階段，我們也能討論哪一個假設背後的證據最有力，也就更容易分出假設或政策的優劣。我認為基於這種邏輯與客觀證據的論戰，才能真正提高政策品質。政策研究提案的目的在於讓研究的人學會基礎的思路，培養出高品質論戰的能力，並對現實中的政策制定有所貢獻。

這算是長期目標了，請各位現階段先專心體會政策研究的樂趣吧。

案例演習 1 ▶▶▶
自行車事故的原因探討
設定研究命題與假設

　　第1章至第6章詳細介紹了研究方法論，包含具體步驟和實踐心法。如果是在專題課或職員研習上使用本書的讀者，應該可以在教授或講師的指導下，進行與各自主題相關的研究。但自學的人實際上或許不容易進行，若要尋找研究的範本，最好的方法就是本書曾介紹過的文獻回顧。在此，我想介紹四個案例演習，希望能成為各位自學時的線索。第一個案例是我為了本書設計的案例，聚焦於如何建立研究命題和假設。

問題背景　　近年來，愈來愈多新聞報導有關自行車的交通事故增加，而且以自行車為肇事者的事故特別引起關注。基於保護地球環境、「環保生活」的風潮、災害預防、健康取向，可預測今後使用自行車的人會變多，因此須要制定能安全騎乘自行車，並且與行人共存的環境和政策。

　　關於這個問題，可以參考警察廳的自行車對策檢討懇談會〈有關促進安全使用自行車的建言〉（2006年11月）。雖然該建言未探討原因，但我們能試著以裡頭的資料為基礎，加上一些補充資料，建立探討因果關係的研究提問和假設。

研究命題（A型）

　　為什麼會發生有關自行車的事故呢？假如自行車事故（尤其是以自行車為肇事者的事故）正在增加，增加的原因又是什麼呢？該如何防止自行車事故呢？

　　這是一開始想到的提問，但由於針對自行車事故的現況仍有許多不明白的地方，我們先建立以下確認現況型研究命題（B型），逐一找出答案吧。以下爲了方便說明，我會對命題加上編號。

研究命題（B型）

RQ1　自行車事故眞的正在增加嗎？事故的現況如何呢？

RQ2　以自行車爲肇事者的事故正在增加嗎？件數有多到在新聞上成爲問題嗎？

　　我們可以從e-Stat上取得有關交通事故的資料（也可以從警察廳官網取得），然後繪製成堆疊長條圖和折線圖的組合圖。第4章介紹過如何使用Excel繪製圖表，不過圖表精靈中沒有這種組合，會稍微花時間。請先將所有資料繪製成堆疊長條圖，然後將必要的數列改爲折線圖。

關於RQ1的討論　根據圖表例-1的堆疊長條圖，雖然交通事故之死亡人數呈減少趨勢，但自行車騎乘中死亡的人數減少幅度較小，因此如折線所示，自行車騎乘中死亡的人數比例呈現增加趨勢。而根據圖表例-2，交通事故之所有受傷人數與自行車騎乘中受傷的人數於2004年左右達最高峰，

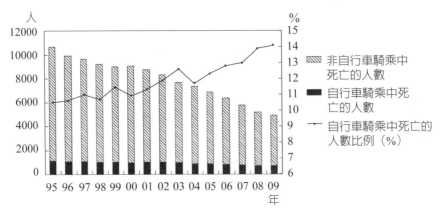

圖表例-1　自行車騎乘中遇交通事故死亡的人數之現況

資料來源：筆者根據警察廳「2009年之交通事故發生情形」（2010年2月）繪製而成。

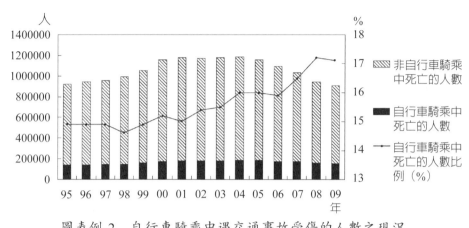

圖表例-2　自行車騎乘中遇交通事故受傷的人數之現況
資料來源：同上。

之後開始減少，但自行車騎乘中受傷的人數減少幅度較小，因此自行車騎乘中受傷的人數占所有受傷人數之比例呈增加趨勢。此外，圖表中省略了交通事故件數，該數值也於2004年左右達最高峰，之後轉為減少。從上述資料來看，針對RQ1，雖然不能說自行車事故正在增加，但因為其占所有交通事故之比例呈增加趨勢，所以特別引人注目。

關於RQ2的討論　從圖表例-3的長條圖可知，自行車與行人碰撞之事故件數持續增加。2009年為2934件，為1995年563件的5倍以上。而死亡事故的每年變化大致上相差不到10件。雖然此統計資料僅顯示事故件數，無法斷言肇事者為自行車，但自行車與行人碰撞之事故的確正在增加。而且，這些只是警察掌握到的資料，可推測實際上發生的事故件數遠多於此數字，當然會成為新聞關注的問題了。此外，此統計資料不只有自行車過失責任大於或等於行人的案件（第一當事人），也包含過失責任較輕的案件（第二當事人）。

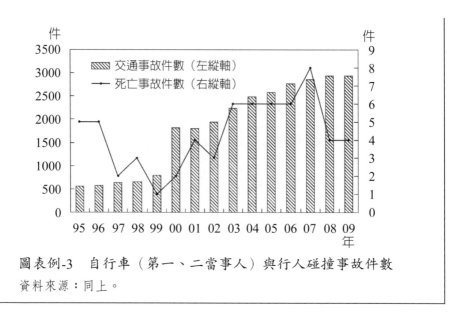

圖表例-3　自行車（第一、二當事人）與行人碰撞事故件數
資料來源：同上。

分析RQ1、RQ2之後，就可以一定程度了解有關自行車的交通事故現況。自行車騎乘中之事故（死亡、受傷）呈現持平或減少趨勢，而明顯增加的則是自行車與行人碰撞之事故。因此，我們修正A型命題如下，聚焦於持續增加的自行車與行人碰撞之事故。

經過修正的研究命題（A型）

明明整體交通事故正在減少，爲什麼自行車與行人碰撞之事故正在增加呢？

接下來，要建立與此命題對應的假設。第2章曾介紹過依案例研究導入假設的方法，理想上是選擇某個地區詳細調查自行車事故如何發生，但我們無法在此做到這種作業，所以採取從新聞報導尋找導入假設的線索。我使用「聞藏」，以「自行車&事故&行人」之關鍵字查詢了2010年1月1日至2011年1月31日的新聞（其實應該抓更長的時間範圍來搜尋），搜尋到的新聞摘要如下：

自行車事故相關新聞摘要　2010.1.1～2011.1.31

〈關於自行車與行人分流的新聞〉

- 為了防止自行車與行人碰撞，將車道劃分出自行車道：大分縣（2010.1.19大分全縣）、國土交通省山形河川國道事務所（2010.1.31山形等）、國交省松山河川國道工程事務所（2010.2.10愛媛全縣）。

- 高松市道路課實施之自行車專用道設置相關問卷結果：約有71%的行人和59%的自行車騎士回答「變安全了」（2010.2.24香川全縣）。

- 調查富山縣道自行車專用道使用情形，僅有31%使用專用道，其餘69%使用人行道（2010.5.3富山全縣）。

- 地方商店街開始連署要求檢討自行車專用道，自行車塞車造成購物的客人變少（2010.9.19山形），沿線店家反彈導致專用道規劃停滯（2010.11.22東京總部）。

〈關於自行車騎士的騎乘禮儀等新聞〉

- 自行車事故背後存在自行車騎士騎乘禮儀不佳的問題。2009年7月起，縣警修正縣道路交通規則，邊騎自行車邊使用手機者處5萬以下罰金（2010.2.10愛媛全縣）。

- 在行人也會使用的多摩川自行車道上，有競速自行車在行人間亂鑽，以囂張的態度叫行人閃開。2009年6月曾發生死亡事故，於是設置了減緩自行車速度的高低差（2010.5.7東京中心）。

- 奈良縣的自行車事故過半屬在道路交會處相撞，疏於停車再開及確認安全為肇事原因（2010.5.10奈良1）。

- 自行車與行人之事故中，自行車闖紅燈等違規比例占66.7%，邊騎邊使用手機或電動自行車之事故特別多（2010.11.22東京總部）。

- 自行車騎士投保保險比率低，與行人碰撞之事故中可能需負擔大筆賠償金（2010.11.22東京總部、2011.1.6大阪總部）。

- 2008年警察廳修正教則，明確禁止騎乘時使用耳機、手機、雨傘（2010.11.22東京總部）。

- 縣警強化取締惡質自行車騎士（2010.11.29北九州、2011.1.30京都市內）。

〈其他〉

- 交通事故不減之下死亡人數持續減少，是因為車輛的安全性變高、繫上
  安全帶的人變多、車速降低、對酒駕重罰等。然而，降低老人和行人事
  故的措施仍不足（2010.4.7東京總部）。
- 環保風潮帶動自行車風潮（2010.11.22東京總部）。

　　從上述報導導出假設如下，括號內以「愈……就愈……」之形式寫出
假設，以方便統計分析和比較驗證。

假設1　自行車交通量增加造成自行車事故增加（自行車交通量愈多，自
行車事故就愈多）。

假設2　自行車與行人未分流、自行車專用道不足、專用道或車道通行義
務宣導不足造成自行車事故（自行車與行人分流情形愈少，自行車事故
就愈多）。

假設3　自行車騎士的騎乘禮儀不佳或危險騎乘行為增加造成自行車事故
增加（自行車騎士的騎乘禮儀愈差，自行車事故就愈多）。

假設4　年長的行人與自行車碰撞（行人中的老人占比愈高，與自行車碰
撞的事故就愈多）。

　　探究事故原因的直接方法是，針對每一起事故仔細調查原委（運用此
方法探討自行車事故（與車輛碰撞）的文獻有岸田孝彌〈自行車事故與行
走狀態：關於高崎市的自行車行走狀態之實情〉《高崎經濟大學論集》第
30卷第1、2號，1987年），本來就應該以此方法探究事故原因，因為必
須區分個人層級的紀律和社會層級的紀律。

　　為了可以進行上述個人層級的分析，汽車事故的樣態分類和詳細統計
為公開資料，但自行車與行人碰撞的事故卻沒有這種詳細統計。雖然警察
廳管轄的財團法人有販售相關統計，不過我們在此使用網路上可取得的資

料，討論是否符合假設1至4，以及是否有必要再細分提問。這些作法還不足以用來正式驗證，但可以示範如何建立研究命題和假設，達到此案例演習的目的，此外，即使不完整，此作法可以當作一種基於第4章介紹的比較概念之驗證。因為我們在一定期間的逐年資料中，以自行車事故件數為依變項，其他資料（自行車持有數等）為自變項，進行了歷時性比較。

　　首先，討論假設1（交通量增加），該如何獲得相關資料呢？要掌握特定路線的自行車交通量，就必須在路邊計算通過的自行車數量。這個方法可以自己做，不過如果是國道、都道府縣道（主要地方道路或一般縣道）、政令指定都市的部分市道，大約每五年會進行「道路交通偵測」，其中一個調查項目就是測量自行車交通量。當你有興趣的地區在這之中，那就可以使用都道府縣及政令指定都市官網的公開資料。

　　此案例想了解全日本的傾向而非個別路線，因此以自行車持有數作為代表。雖然並非所有被持有的自行車都會上路，但持有數量增加會導致交通量增加，應該可以從持有數量的變遷了解自行車交通量的變化。

討論假設1　根據圖表例-4，自行車持有數量緩慢增加，而自行車與行人碰撞之事故件數卻增加了4.6倍。或許持有數量增加多少導致事故件數增

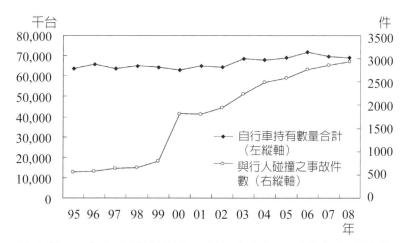

圖表例-4　自行車持有數量及自行車與行人碰撞之事故件數

資料來源：與圖表例-1相同，持有數量為一般社團法人自行車協會資料（2011.3.10自財團法人自行車產業振興協會官網下載）。

加，但是否能作為事故件數激增的主要原因，令人存疑。而且，1999年
至2000年事故件數激增的現象，並無法從持有數量解釋。

　　了解哪些地方經常發生事故，也是在驗證其與交通量的關係，這是共
時性比較的概念。遺憾的是警察廳的統計中沒有各地區的統整資料，但根
據警察廳的統計，2009年東京都內自行車與行人碰撞之事故共1053件，
占全日本事故總數的三分之一（資料來源：「警察廳統計　2009年」第
12表「交通事故之當事人別發生狀況（第一、二當事人相關表）」，我
們可以說人口愈多（可能交通量愈多）的地區，發生愈多事故。

　　接下來討論假設2（自行車與行人未分流），此處問題在於事故發生
地點，如果事故大多發生在過馬路的時候，那就算設置再多專用道，效果
也有限。因為即使設置了專用道，自行車和行人還是會在馬路交會處互相
靠近和交會。因此，我們先根據警察廳的統計，確認事故發生在哪裡。

討論假設2　圖表例-5為各類型自行車與行人碰撞之事故，最多的類型為
「其他」，細項未知，在正式分析時必須詳細調查。第二多的是「過馬
路」，自2008年以後急遽增加。即使設置自行車專用道，自行車與行人
使用的路仍會在交會處和斑馬線上重疊，可能無法防止此類型事故。換
言之，自行車與行人未分流並非問題所在。

　　第三多的是「通行時正面相撞」，接著是「通行時從背後追撞」，
此兩種類型是在人行道或車道上通行時發生碰撞。兩者相加後比「過馬
路」多。該類型的細項如圖表例-6，可以看到人行道和車道占最多，兩
者不相上下。車道的部分，可能是在沒有人行道的路上，自行車和行人
都會通行的狀況。關於此兩者，極有可能是自行車與行人未分流而導致
事故發生，如果設置專用道，在空間上將自行車與行人分離應有效。但
是，以前自行車與行人就會在相同的人行道上（貨車道上）通行，無法
解釋為什麼近年事故增加。

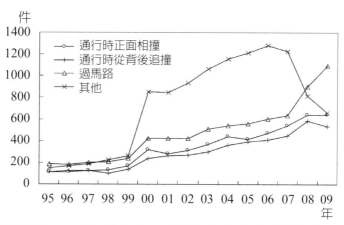

圖表例-5　自行車與行人碰撞之事故類型別發生情況
資料來源：與圖表例-1相同。

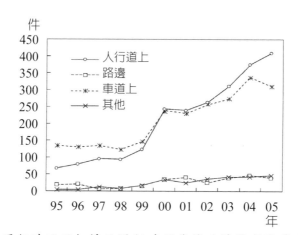

圖表例-6　通行時正面相撞及通行時從背後追撞的事故發生地點細項
資料來源：筆者根據自行車對策檢討懇談會〈關於促進自行車安全使用之建言〉（2006年11月）繪製而成。

　　人行道原則上禁止停自行車，但爲什麼會在人行道上發生事故呢？由於圖表例-6是通行時正面相撞及通行時從背後追撞加起來的資料，表示人行道上發生事故時，自行車在人行道上通行。新聞也報導過，即使有自行車專用道，仍有許多自行車騎士不使用專用道而騎上人行道。於是，我們

從這些討論導出以下假設。

RQ3　爲什麼自行車騎士會騎上人行道呢？爲什麼有自行車專用道卻不使用呢？

假設2-1　通行於車道上很危險，或認爲危險。

假設2-2　因爲通行於車道或專用道不方便，所以不使用。

假設2-3　不知道有專用道，不知道人行道禁止通行（或以爲可特例通行）。

假設2-1的想法參考自新聞報導，有報導說汽車駕駛認爲自行車行走於車道造成困擾，有些自行車騎士甚至因此被找麻煩。自行車與汽車碰撞之事故型態有詳細的公開資料，透過分析該資料，應可進行一定程度的驗證（此處省略，以下亦同）。

假設2-2也是從新聞報導得到靈感，自行車通行於車道或專用道時，必須視爲車輛，靠左側通行，如此一來會減損自行車的機動性。假如商店等目的地在自行車行進方向的後方，而且靠騎士這一側，騎士騎在專用道上，就必須騎到有紅綠燈的馬路（遠離目的地），到對向車道的專用道（騎超過目的地），然後過馬路回到原本的專用道，前往目的地。相較之下，騎在人行道上快多了。雖然正確作法應是牽著自行車走過去，但多數騎士會騎著自行車逆向吧。

關於騎上人行道的原因，並沒有調查自行車騎士想法的現有資料。如果要驗證假設2-2（以及假設2-3），那就必須自行調查。

回到假設2繼續討論，如果調查目前自行車專用道的完善程度（現有統計資料），判斷專用道不足的話，就應該提出「爲什麼不夠完善呢」（RQ4）之疑問。根據前述新聞報導，店家反對爲主因。此外還有預算優先順序低，以及日本道路狹窄等技術性原因。在驗證這些假設的過程中，也可以提出「爲什麼沿線店家反對呢」和「該怎麼做才能克服此問題」之疑問。

　　假設2的討論就此結束，接著是假設3（騎乘禮儀不佳），根據前述新聞報導，騎乘禮儀不佳與危險騎乘行為包含騎乘自行車時使用手機或耳機、邊撐傘邊騎車、沒有裝燈、速度過快、闖紅燈。使用手機的情形增加這點符合我們的實際感受，可以透過分析自行車事故的型態和有無違規的狀況來證明。但是，警察廳「2009年交通事故發生情況」（自行車騎士違規別傷亡人數變遷）的資料包含了與汽車碰撞之事故，無法只看自行車與行人碰撞之事故。此外，違規類型分為「闖紅燈」、「違反通行類別」、「未注意前方」等，未包含我們關注的「使用手機」等（省略圖表）。因此，可能必須自行蒐集資料來驗證。而且在上述統計資料中，每個類型都在2001年至2007年之間的某一年達最高峰，之後開始轉為減少，所以事故之增加未必與騎乘禮儀不佳或違規增加有關。

　　關於道路交通法違規件數，警察廳「2009年的犯罪」中有「違反道路交通法、違反型態別、移送與開罰件數」之統計表，顯示輕車輛（包含自行車）之違規從2005年的326件快速增加至2009年的1616件。但2009年的違規細項為「闖入平交道」436件和「闖紅燈」433件，大多和與行人碰撞之事故關係薄弱，無法使用於驗證。

　　不過，根據朝日新聞2011年1月30日（京都市內1），2010年京都府警對交通違規者規勸件數約12萬件（2009年約3萬件）。或許只是資料未公開，實際上有違規和騎乘禮儀不佳的相關資料。

　　如果真的找到能證明危險騎乘行為增加和騎乘禮儀不佳的資料，那接著就能提出「為什麼會發生這些變化呢」、「騎乘禮儀不佳和騎士的年齡（尤其年輕族群）有關係嗎」、「騎乘禮儀不佳如何導致事故發生」之疑問。此外，「各地都對學童開設了交通安全課程，為什麼無法提升騎乘禮儀呢」之疑問也有探討意義。針對各個問題，似乎都能建立多個假設。

　　因為篇幅很長了，在此省略假設4（老人增加）的說明，不過各位可以試著進行和前面幾個假設相同的討論。雖然自行車騎乘中和步行中的年齡層別傷亡人數有公開資料，但沒有自行車與行人碰撞之事故的年齡層別資料，必須向相關機關索取資料。

　　精選提問與假設的作業示範目的已達成，因此在此告一段落，最後我想提醒各位，上述假設中提到的因素不會只有個別作用。舉例而言，即使自行車交通量增加，但如果自行車專用道規劃完善，並且適當地被使用，應該就能防止事故發生。要是自行車與行人未分流，但騎乘禮儀有所改善，騎乘時會注意行人，那就可以預測較不容易發生事故。換言之，上述假設的因素會各自組合發揮作用。在建立假設時，也需要先預設這一層關係。除了上面舉例的因素，請各位加上自己思考的因素，試著畫出圖解吧。

景觀維護成功的條件篩選
運用比較的驗證方法

　　接下來要示範使用比較的驗證，資料來源爲伊藤修一郎《地方政府發動的政策改革：從景觀條例到景觀法》（木鐸社，2006年）第5章至第10章。該書以景觀條例能否制定及條例內容爲主要的依變項，在此稍做改編，改爲探討「泡沫經濟和度假村開發風潮造成全日本景觀被破壞，爲什麼部分市町村能保存景觀呢」之研究命題。分析單位爲市町村，分析期間爲1980年代末至1990年代前半。此時期由於泡沫經濟到處開發，以及後來興起度假村開發風潮，全日本的景觀都面臨危機。

　　此外，由於篇幅有限，我會稍微把問題單純化（直接使用資料和觀察結果）。雖然本篇比演習案例1更接近論文形式，但請不要直接當作是撰寫論文的例子（論文的文體與此不同）。

依變項（研究命題）

　　與其深入剖析研究命題，在此不如來探討依變項，在進行比較時能節省篇幅。在此案例中，我要設定兩個依變項。

　　第一個是對應上述研究命題的依變項——景觀是否被保存。日本各地能看到未經人爲介入的自然景觀或農村景觀，我們可以用相對清楚的方式觀察和判斷這些景觀是否被良好保存，還是蓋了高樓大廈而破壞了景觀。

　　如果在早期導入強勢的景觀政策，抑制大規模建築開發，那就能保存景觀。景觀能否保存取決於景觀政策，就這一點而言，第二個提問就是「爲什麼能導入強勢的政策呢」。因此，我們以「景觀政策何時被導入，導入的內容是什麼（景觀政策的導入時間和內容）」爲中介的依變項，亦即身爲產出（景觀政策）的位置，是測量結果（景觀能否被保存）的前一階段依變項。而如果相對於「景觀能否被保存」之依變項，「景觀政策」

就會成爲自變項。

　　產出之依變項「景觀政策的內容」可以照第6章的分類分爲棍子（強制型）和說教（資訊型），前者以法律爲根據訂定法規，後者主要爲景觀條例，不過景觀條例的內容相當豐富，包含補助（誘因）和強制型工具，我們於下一段細分。

　　景觀條例基本上是透過行政指導，來說服建築行爲人和開發業者，因此不具強制力，無法強制讓不想遵守的人遵守。有許多市町村只制定條例，卻未指定應保存的地區，或是即使制定了條例卻只有寬鬆的標準，無法帶來超越行政指導的成效。這種「指導條例」的效力明顯低於具有強制力的規範。而「助成條例」則規定了如何補助與周圍景觀協調的建築行爲人，由於不具強制力，成效不會高於指導條例。

　　另一方面則有市町村根據景觀條例指定地區，與居民達成合意，設定了嚴格的景觀標準。有些地方與居民簽署協議，使標準具有強制力，也有些地方強制要求開發計畫人必須與首長達成協議，並且會公布違規者姓名。這種景觀條例雖然以行政指導爲基礎架構，但本質上更接近強制型工具，我們稱其爲「法規型條例」。景觀條例究竟是單純仰賴指導，還是帶有規範色彩，需綜合審視是否有指定地區、標準嚴格度、使用方式等項目後再判斷。

自變項（假設）

　　爲了探討地區景觀被保存的原因，我們從以下三點切入：（1）是否有破壞景觀的開發壓力？（2）地方政府是否趁機導入限制開發的政策？（3）居民是否不屈服於開發壓力？

　　首先，如果開發壓力不大，那景觀就不會被大幅破壞。在緩慢改建的過程中，只會增加與周遭保持協調的建築物。在分析期間，由於泡沫經濟和度假村風潮，全日本都面臨開發壓力，即使是遠離都市的地區，也有高樓大廈的建設計畫。與高樓大廈造成的景觀激烈變化相比，改建形成的緩慢變化還算是在保存景觀的範圍內。

　　接著，即使開發壓力大，但如果導入抑制開發的景觀政策，景觀就能被保存。政策效力的強度由強至弱依序為法規、法規型條例、指導條例、助成條例、無條例（僅有開發指導綱要等），當效力愈強，景觀就愈容易被保存。此外，政策的導入時間也會影響結果。我們預設導入時間愈早，就愈能趁景觀尚未被破壞時保存景觀。

　　最後，即使開發壓力大，並且沒有強勢的政策，但如果居民一起抵制開發，那還是有可能阻止景觀被破壞。在沖繩縣的離島等地，可以觀察到土地持有人都對當地的景觀有感情，大家說好不會把土地賣給外部資本家。在這樣的地區，即使沒有明確的規範，土地持有人在改建時也會注意與周遭街景保持協調，如同存在潛規則般。

　　這種地區的特徵是少有居民遷出及遷入，社區組成穩定。反之，居民組成多變的地區難以達成景觀保存的共識，就算達成共識，也很難擴及新來的居民。因此，我們預設人口規模愈大的城市愈難達成上述條件，規模小的町或村才具備上述條件。由於這類地區也容易在導入強制型政策方面達成共識，因此容易導入政策。

　　統整以上內容後，可以製作出圖表例-7（之所以不用圖解，是因為圖表例-7的格式更好區分不同條件）。我們預設開發壓力小、即使開發壓力大但政策效力強、即使缺乏前兩個條件但居民齊心抵制時，景觀能被保存。而開發壓力大、沒有景觀政策或景觀政策薄弱，且居民未齊心抵制時，景觀將被破壞。

圖表例-7　景觀能被保存的條件

　　將上述內容納入政策導入時間和對於社區的觀察，以假設的形式記述如下：

假設1　開發壓力愈小，景觀就愈能被保存。

假設2　景觀政策效力愈強，景觀就愈容易被保存。

　假設2-2　景觀政策導入時間愈早，景觀就愈容易被保存。

　假設3　地方社區的成員組成愈穩定（形成保存景觀的共識，所有居民一起抵制），景觀就愈容易被保存。

　　接下來，我們來探討促進景觀政策被採用的因素。我們預設這裡的景觀政策指的是效力足以抑制開發的政策，具體而言就是法規或法規型條例（最終將依假設2之驗證結果而定）。

　　與此相應的自變項為（4）有無居民的反對運動或政策建立之訴求；（5）行政機關的幹勁，尤其要探討首長的領導能力。

　　首先，通常在開發壓力大的地方，經常會觀察到居民反對具體開發計畫和高樓大廈建設計畫，並且要求地方政府導入景觀政策。開發業者和土地持有人也會與居民對抗，拉攏工商業者或議員來推動計畫（有時甚至揚言告上法院），因此地方政府並不容易回應居民的心聲，也難以導入限制建築與開發的政策。計畫地周遭的居民所發起的反對運動能擴展得多大，以及能否與更廣範圍的居民和議員達成共識，將會左右地方政府的行動與政策的導入與否。我們預設地方社區的成員組成愈穩定，就愈容易形成導入政策的共識，這一點與假設3重複。

　　而在開發壓力小的地方，行政機關的承辦人員也會觀察周遭市町村的情形，趁利害關係的對立尚不明顯時制定條例。在這種案例中，因為沒有進行中的開發計畫，所以不會有徹頭徹尾的反對者，但也因為居民的危機感薄弱，能否形成共識將取決於行政機關承辦人員的幹勁與手腕。

　　最後，導入政策的最終決定關鍵在於首長的決斷力。尤其是涉及褒貶不一的案例，決斷力就更顯重要了。雖然不容易界定在什麼樣的條件下，

首長會擁有導入政策的決斷力，但我們可以將「首長的信念（重視保存景觀的首長在選舉中當選）」視為其中一個條件，另一個條件則是「居民的支持（有多少居民同意保存）」。

將上述內容統整後，可以提出如下假設：

假設4　居民的反對運動愈強勢，就愈容易導入景觀政策。此時，地方社區的成員組成愈穩定，運動就擴展得愈大，也愈容易導入政策。

假設4-2　開發壓力小時，只要行政機關承辦人員的幹勁和手腕高，就容易導入政策。

假設5　首長主導程度愈大，就愈容易導入景觀政策。

選擇案例

舉凡法規之運用、決定有關廣範圍開發與保存之方針、保存資金之補助，都道府縣的角色對保存景觀相當重要。由於我們想知道的是市町村的政策與各種因素對於景觀能否保存的影響，因此有必要控制縣政府的政策影響。所以，我們要在同一個縣內選擇所有案例。透過同一個縣的限制，也能控制與首都的距離等因素。

選擇案例時，會特意分散依變項和自變項，亦即著眼於差異法。我們選擇的地方政府，是在分析期間殘留良好景觀的地方。在日本大部分的都市中，由於戰爭或經濟高度成長期之開發，應保存的良好景觀遭到破壞。如果涵蓋這類都市，我們很難判斷景觀是否被保存，因此排除於分析對象。於是，本案例選擇殘留良好景觀的八個町與村，主要應保存的對象為自然景觀和農村景觀。

案例統整

案例觀察結果統整如圖表例-8，作為結果的依變項為「景觀是否被保存」，設定了保存、稍微破壞、破壞之三個類別。而作為產出的依變項則有三種，第一個是「景觀政策之有無」，分為法規、條例、無之三個值。

圖表例-8　景觀保存之觀察結果（比較表）

市町村		A町	B町	C村	D町	E村	F町	G村	H村
依變項	景觀保存狀況	保存	稍微破壞	保存	破壞	保存	破壞	保存	保存
	景觀政策之有無	條例	無	法規	條例	條例	無	條例	條例
	條例等之制定年份	1989	—	1991	1993	1990	—	1997	1992
	政策內容	助成	—	法規	指導	法規型	—	指導	法規型
社會經濟因素	人口	14481	11323	11135	8294	7925	7004	6106	4273
	遷入人數	414	359	445	501	197	321	160	117
	遷出人數	390	395	424	742	207	400	151	103
	第一級產業就業人口占比	15.2%	17.4	30.9	1	16	2.9	20.6	31.2
	開發壓力	小	大	大	大	大	大	小	中
政治因素	首長主導	×	×	○	×	×	×	○	×
	行政機關主導	○	×	○	○	○	×	×	○
	反對運動	×	×	強勢	強勢	×	部分	×	×

第二個是「條例等之制定年份」，以西元年記載。至於多久以前制定就能阻止破壞，這點因地區而異，不過由於1989年為泡沫經濟高峰，1990、1991年為度假村風潮高峰，因此1992年左右為最後的機會。第三個是「政策內容」，從最嚴格的開始依序為法規、法規型條例、條例、助成條例。

　　自變項則分為社會經濟因素和政治因素，先來看社會經濟因素。人口、遷入人數、遷出人數是代表該地社區成員組成有多穩定之指標，都是數值愈小代表愈穩定。第一級產業就業人口占比則是代表都市化程度的指標，數值愈小代表都市化程度愈高。開發壓力分為大、中、小共三級，而關於景觀保存狀況（依變項）和開發壓力之判斷，我們從筆者的當地調查結果、新聞報導、訪問調查，參考了開發和建築申請件數。

　　考量到假設，我們將政治因素分為三種，包含「首長主導」（在政策導入方面是否有首長主導，○：有，×：沒有）、「行政機關主導」（行政機關是否主導，○：有，×：沒有）、「反對運動」（居民是否進行反對運動或爭取政策，強勢：強勢要求，×：沒有，部分：部分地區或居民有）。此外，以景觀的保存狀況為依變項時，條例等制定年份和政策內容

也會變成政治因素類的自變項。

透過比較來驗證

接下來，我們運用圖表例-8來驗證假設。首先，關於假設1（開發壓力假設），A町和G村的開發壓力小，而且景觀都被保存了。這些町村並沒有大規模的建築和開發計畫，原因是遠離首都的幹線鐵道和高速道路，而且多數土地屬於農業振興地區或電力公司所有地，適合開發的土地不多。這兩個町村都制定了景觀條例，A町的條例是在歷史街景保存法規導入失敗後制定的替代性條例，僅訂定有關保存歷史古蹟之補助內容，而G村的條例為指導條例，制定時間較晚，規定寬鬆且未指定地區。我們可以說，這兩個町村的景觀被保存的原因不是政策，而是因為開發壓力小。因此，假設1獲得支持。

關於假設2（政策效力假設），我們比較開發壓力落在中至小的B町、C村、D村、E村、F町、H村。C村導入了法律規定，E村和H村則制定了法規型條例。E村根據條例指定了地區，設定嚴格標準，並且簽訂居民協議確保遵循標準。H村的條例也設有高度限制，並且規定業者有義務遵守與村長的協議，內容相當嚴格。我們可以說這三個村都導入了效力強的政策，而且景觀都受到保存。

D町制定了指導條例，但未指定地區，且追認了既成大樓之高度標準，景觀已遭破壞。不過，這個町是日本有名的溫泉觀光地，都市計畫中已預計比照都市利用土地。針對許多高樓大廈的計畫，雖然引發居民反對聲浪，但這些都是都市計畫中預料的情景，或許斷定為景觀遭破壞略失公平。而B町和F町未導入景觀政策，且景觀遭破壞。綜觀以上，我們可以說只有導入了法規或法規型條例這類效力較強的景觀政策之町村，才得以保存景觀，假設2也獲得支持。

關於政策導入時間，上述六個町村中，D村的1993年為最晚（不計未制定的町村），且景觀遭破壞。景觀被保存的H村為1992年導入，或許會令人疑惑兩者之間有什麼不同，但實際上，這個縣是從觀光地D町和F町

開始興建高樓大廈，接著擴展至C村、E村、H村，C村和E村在計畫一出現時就有所反應，因此阻止了景觀破壞，但D町制定條例時，建設大多已完成。因此，我們確認到政策導入時間也相當重要。

此外，我們確認到H村經常有人找公家機關談高樓大廈的建設與開發計畫，但聽說很快就不了了之，因此判斷開發壓力為中。我們很難判斷，H村的景觀被保存的原因究竟是政策效果，還是開發壓力小。不過，可以推測假如沒有政策的話，應該就會有具體計畫，因此我們得出結論是政策效果一定程度地保存了景觀。

接著是關於假設3（透過社區保存假設），我們比較開發壓力落在中至小的六個町村。以遷入和遷出人數來看，景觀被保存的E村和H村出入人員少，可以說組成穩定。但是這兩個村也制定了法規型條例，或許是政策發揮效果所致。而遷入和遷出變化最劇烈的是D町，而且發生了反對運動，但是如同後述，運動並未擴散，景觀仍遭破壞。溫泉觀光地F町以人口規模而言，遷入和遷出人數多，景觀也遭破壞。不過，該町內某個地區發生了反對運動，該地區有高樓大廈建設計畫，反對的周遭居民要求町政府制定法規，卻因為以觀光為主要產業的町無法分別治理，最終未達成共識。於是，以該地區區長與觀光協會長等居民領導者為中心，簽訂了居民自己的景觀協議，成功阻止了高樓大廈的建設，結果只有該地區的景觀被保存下來。以上觀察結果大致都符合假設，但在人口規模和遷入、遷出人數同等級的B町與C村卻有不同情況，C村景觀被保存，B町稍微被破壞。綜觀以上，我們無法說成員組成穩定度直接影響景觀保存，但會和反對運動組合，達到推波助瀾的效果。因此，假設3獲得部分支持。

接下來，我們要針對「為什麼能導入景觀政策呢」進行驗證，先看假設4（反對運動、社區共識假設）。居民反對運動強烈的是C村和D町，C村居民（尤其別墅地居民）團結反對高樓大廈建設，影響到行政機關和村長，甚至縣政府，最終成功導入法規。而D町的旅館同業公會和自然保護團體要求對建築物設定高度限制，但因為也有人認為高樓大廈建設能活化町的發展，居民無法團結，高樓大廈建設便繼續進行。D町雖然規模較

小，但遷入和遷出人數多，成員組成不如C村穩定，這一點符合這兩個町村內部形成共識的情形。不過，C村是高麗菜田廣布的農村地帶，D町則是受指定爲都市用途的溫泉觀光地，如果只看這兩個案例，我們無法斷定是成員特性造成兩者形成共識之情形的差異。

而F町如同前述，僅部分地區發生反對運動，從町整體人口規模來看，遷入和遷出人數多，最終景觀遭破壞。除此之外的案例沒有居民發動的反對運動，但E村和H村制定了法規型條例。其中，E村行政機關的承辦人員從陸續前來諮詢的開發業者中嗅到危機，便主導了條例制定。H村則是看到周圍村町的情形，行政機關承辦人員認爲未來也將受開發浪潮影響，因此主導了條例制定。這兩個村都還留著名爲「道普請」的傳統互助習慣，成員組成穩定，這一點也顯示在遷出和遷入人數的資料上。因此，居民容易就政策導入形成共識。

綜觀上述，假設4未獲得支持，居民運動頂多只是促使行政機關行動的契機。但是，以上驗證結果可將觀察到的情形統一解釋爲「在龐大的開發壓力下，如果弱小的行政機關要導入政策，只要社區成員組成穩定，就容易形成共識，也容易實現政策」。

關於假設5（首長假設），首長之主導與政策能否導入並無明確關係，因此假設5未獲得支持。此外，導入政策的町村是由首長或行政機關主導，我們只確認到必須由地方政府中的人主導才能實現政策，這可以說是理所當然的道理。

統整以上討論，假設1、假設2、假設3獲得部分支持。因此我們導出的結論是：「如果開發壓力小，景觀就能被保存。如果在開發和建設計畫進行前導入法規或法規型條例，景觀就能被保存。如果穩定的社區發起反對運動，景觀就能被保存。」雖然剩下的假設未獲得支持，但我們確認到假設4經過修正就能整合觀察結果，於是修正爲「在居民組成穩定的社區，如果行政機關提出法規型政策，該政策就容易實現」。不過請注意，這是本案例導出的見解，尚未經過驗證，仍然只是假設。

議論統整與若干提案

考慮到上述驗證結果，我們可以修正圖表例-7，提出圖表例-9。此圖代表意義為「如果開發壓力小，景觀就會被保存。即使開發壓力大，只要社區成員組成穩定並由居民展開反對運動，就有可能在無行政機關之景觀政策下保存景觀。但是，最終仍需要條例或協議等具有實際效力的對策。此外，如果行政機關主導提出政策，並落實強制型政策（法規或法規型條例），景觀就能被保存。而穩定的社區有助於共識達成。如果只有行政機關主導，因為無法達成共識，只能制定較弱的政策（指導條例、助成條例）或政策導入慢，因此無法保存景觀。而如果沒有政策主導者，只有穩定的社區成員組成，也仍然無法導入政策，所以無法保存景觀。

根據以上驗證結果，我們來討論開發壓力大的地方必須做什麼才能保存景觀吧。首先，必須有人主導具有景觀保存之實際效力的政策（法規或居民協議）。接著，針對所提出之政策，必須有能達成共識之條件。而在本案例的分析中，社區成員組成穩定就有可能達成共識。

如果要基於此分析結果提出解決景觀問題的政策，我們可以著眼於達成共識的條件，提出活化既有的社區、強化社區功能的政策草案。雖然也能提出從居民或行政機關中培養政策主導者的方案，但如果考慮到該由誰推動此方案，似乎會陷入死胡同。或許提出深化居民對於景觀之認知的宣導活動，也是可行的提案。

那麼，以上結果可以普及到什麼程度呢？本案例討論的是人口未滿1萬5千人的小規模町村，所導出的結論能否適用於都市呢？10萬人口的都

圖表例-9　實現景觀保存的條件（修正版）

市或許有其他應考慮的因素，因此有必要將比較分析對象擴及該類都市，確認假設的成立。不過，如果一邊注意目前的暫定結論，以圖表例-9作為分析架構，對於考察都市景觀問題將有所幫助。

　　由於都市開發壓力大，如果什麼都不做，景觀只會被破壞。而且，都市社區成員組成具有流動性，光靠居民的力量也很難抑制開發吧。因此，需要如法規般強勢的政策。都市也有強烈要求保存景觀的居民，以及能回應居民需求的行政組織，在政策主導者方面沒有問題。但是，在都市達成共識並不容易，因為都市裡很少如本案例般穩定的社區。

　　既然無法期待都市社區達成共識的功能，那麼所提出的政策建議就會以替代的機制或裝置為主。但若要思考替代的選項，無論是非營利組織、地方自治區等新制度或行政機關的角色，光靠目前取得的材料可不夠。為了了解所有組織和團體的功能，必須加入都市進行新的分析。而在拙稿〈「公有地的悲劇」的解決方法之法律角色〉（《法社會學》73號，2010年）中，嘗試進行了關於這一點的理論面考察，歡迎有興趣的人閱讀看看。

　　以上就是比較案例的演習案例，相較於拙作的研究，我改了研究命題，增加了依變項，同時減少案例數和自變項。最重要的是，為了節省篇幅，幾乎省略了各案例的詳細內容。在研究論文中，如何將案例的詳細資訊記述得有說服力，這一點也相當重要。此外，雖然我並未在此提及，不過「為什麼開發壓力小或尚未興起開發風潮的地方政府能先導入政策呢」以及「都市型地方政府如何應對」也是值得提問的命題。如果各位對這些命題有興趣，歡迎閱讀本案例開頭介紹的拙作。

治安惡化的成因分析

運用統計分析的驗證方法

　　接下來要示範運用統計（多元迴歸分析）的驗證案例，前面已經示範過研究命題和假設的建立方式，因此這個案例主要介紹驗證階段。

　　此案例爲本書原創，分析上使用的資料出自筑波大學人文社會科學研究所的團體，是由該團體實施的文部科學省特別推進研究「日韓美德中的三級公民社會結構和治理相關綜合比較實證研究」（2005年度至2009年度，研究代表：辻中豐）中所進行的「市區町村調查」（實施於2007年8月至12月）。關於調查概要和詳細資料，請參考辻中豐、伊藤修一郎編的《地方治理：地方政府和公民社會》（木鐸社，2010年）。

研究命題

　　本案例的最終研究命題爲「該如何減少一個地區的犯罪」，爲了探討該命題，我們要思考「犯罪多（少）的地方是如何形成的」以及「犯罪多（少）的原因是什麼」。

假設

　　在此驗證以下四個假設，各假設的詳細說明則省略。如果要補充的話，假設3也可以說存在「如果犯罪多，就會實施許多政策」之因果關係。假設4則預設「地區居民彼此關係愈緊密，就愈能監視可疑人士，或犯罪防治活動愈興盛，愈不容易發生犯罪」之機制。

假設1　一個地區都市化程度愈高，就愈容易發生犯罪。

假設2　一個地區經濟狀況愈差，就愈容易發生犯罪。

假設3　地方政府實施愈多治安政策，就愈不容易發生犯罪。

假設4　地方居民彼此關係愈緊密，就愈不容易發生犯罪。

透過資料與散布圖進行驗證

　　爲了進行驗證，接下來要操作化變項，決定指標，並使用散布圖驗證假設。驗證的分析單位爲市區町村，因此必須以市區町村單位的資料作爲指標。以下無特別註明者，資料來源均爲總務省統計局「用統計來看市區町村2007」（可從總務省統計局官網或e-Stat瀏覽）。

　　首先，依變項使用刑事犯罪案件發生件數。由於無法掌握實際的犯罪件數，因此使用案件發生件數。人口多的市區町村當然刑事犯罪案件發生件數也多，所以本案例以「犯罪率」爲依變項，定義爲每1萬人口之刑事犯罪案件發生件數。

　　接著說明自變項，雖然本書內文曾使用第一級產業就業人口占比表示都市化程度，不過本案例使用人口以及人口集中地區之人口比（後述）。一般而言，人口多的市區町村都市化程度也高。本案例人口資料使用自然對數（natural logarithm），這是因爲資料中有人口超過100萬的政令指定都市，也有人口未滿1萬的町或村。

　　圖表例-10爲描繪人口（對數）與犯罪率之關係的散布圖，並非使用

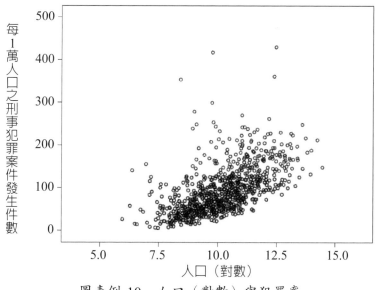

圖表例-10　人口（對數）與犯罪率

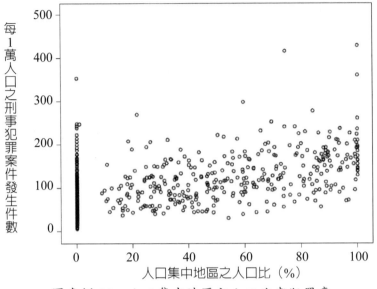

圖表例-11　人口集中地區之人口比與犯罪率

Excel繪製，而是使用名為SPSS的統計軟體。可以看出人口愈多，犯罪率就愈高。此外，分析所用的資料組中，由於後述的自治會加入率多有缺漏（問卷調查中不回答的案例）之緣故，因此僅使用能取得自治會加入率資料的826個市區町村來繪製散布圖（每1萬人口之刑事犯罪案件發生件數超過1000件的市區町村視為極端值而予以排除）。

　　人口集中地區之人口比，是代表人口有多集中於市區町村內之都市地區的指標。此數值愈高，代表人口愈密集，都市化程度也愈高。根據圖表例-11，可以確認到人口愈集中，犯罪率就愈高之趨勢。

　　關於經濟狀況，則使用失業率。請注意，我們只是用失業率代表經濟狀況的指標，並不代表失業者會犯罪。根據圖表例-12，當完全失業率愈高，資料分布愈廣，而整體犯罪率也有變高的趨勢。

　　至於治安政策的實施程度，我們從前述市區町村調查資料製作了指標。測量方法為向市區町村的負責單位詢問有無實施（1）增加治安對策負責職員（與五年前相比）；（2）由職員進行巡邏；（3）支援居民參

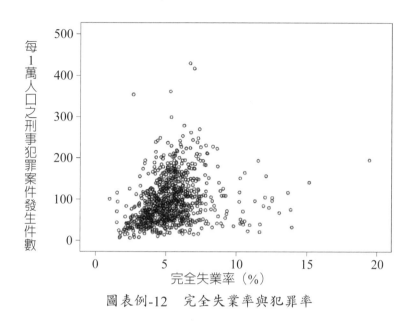

圖表例-12　完全失業率與犯罪率

與犯罪防治活動；（4）設置監視器等器具共四項政策，回答有實施者各加1分，然後將分數相加，計算總分（最低0分，最高4分）。將此資料繪製成散布圖，即圖表例-13。

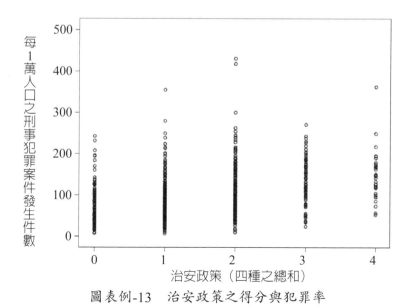

圖表例-13　治安政策之得分與犯罪率

圖表例-14　各個治安政策得分的人口
每1萬人口之刑事犯罪案件發生件數（平均）

治安政策	平均值	次數	標準差
0	74.526	138	46.106
1	82.561	338	48.128
2	105.247	230	62.271
3	134.904	85	55.082
4	148.593	35	57.784
合計	95.720	826	57.186

　　由於該圖表不容易解讀，我們製作圖表例-14，針對治安政策指標0分至4分之五組資料，計算各組的平均犯罪率。從該圖表可知，政策得分愈高，犯罪率就愈高，此結果與假設相反。

　　要了解地區居民彼此關係，可以看公民活動、非營利組織、鄰里往來等多項情況，本案例則認為「加入自治會、町內會等組織的人愈多，代表居民彼此關係愈緊密」，因此以自治會加入率為指標。自治會加入率的資料則藉由前述特別推進研究，向市區町村詢問後，以得到的回答為資料。根據圖表例-15，可看出自治會加入率愈高，犯罪率就愈低之趨勢，此結

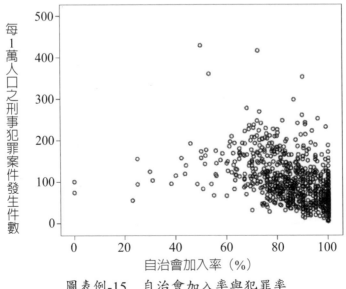

圖表例-15　自治會加入率與犯罪率

果與假設相同。

根據以上驗證結果，我們可以說假設1、2、4都獲得預設之結果。但是，目前僅確認到兩變項間之相關性，無法排除表象的相關性。舉例而言，關於自治會這一項，由於一般都市人口遷出與遷入人數多，自治會加入率較低，有些都市甚至無法進行活動。另一方面，農村和鄉下現仍維持較高的自治會加入率。因此可能是都市化同時影響了犯罪率與自治會加入率，造成表象的相關性。為了排除此種可能性，我們運用多元迴歸分析進行驗證。

透過多元迴歸分析驗證的結果

圖表例-16是以每1萬人口之刑事犯罪案件發生件數（犯罪率）為依變項，進行多元迴歸分析後的結果（將相關係數高的自變項組合投入計算時，會發生多重共線性，使推估不準確，或信賴度下降，不過本模式沒有相關係數超過0.8的組合）。

第4章介紹過多元迴歸分析的解讀方法，在圖表例-16中，所有投入的變項顯著水準落在1%左右，因此具有顯著性。係數方面，除了治安政策以外的所有變項之正負符號如同預設。換言之，人口愈多、人口集中地區之人口比愈高，犯罪率就愈高。而且，失業率愈高，犯罪率就愈高。此外

圖表例-16　發生犯罪的各項因素（多元迴歸分析）

	未標準化之係數		標準化迴歸係數	t 值	p 值
	B	標準差	Beta		
（常數）	9.635	20.874		.462	.645
人口（對數）	10.176	1.483	.254	6.862	.000
人口集中地區之人口比	.471	.063	.275	7.512	.000
完全失業率	2.535	.818	.086	3.097	.002
治安政策（四種之總和）	7.190	1.622	.128	4.432	.000
自治會加入率	−.610	.132	−.146	−4.627	.000
N	826		R^2		.440
F	128.678		已調整 R^2		.436

依變項：每1萬人口之刑事犯罪案件發生件數。

也確認到自治會加入率愈高，犯罪率就愈低。此分析也投入了都市化相關係數，控制該作用後，確認到自治會加入率顯著影響了犯罪率。

至於治安政策方面，正負符號的確與假設相反，結果顯示實施愈多治安政策的地方，犯罪率就愈高。此現象可解釋爲「因爲發生許多犯罪的市區町村實施了很多政策」，亦即該因果關係與假設相反。假如是具有抑制犯罪效果的政策，那犯罪率應該會下降才對，因此也有可能是測量治安政策指標時所選的政策不適當。如果選擇其他政策，或許會出現不同結果。

綜觀上述，可以做出假設1、2、4獲得支持的結論。至於假設3，則可以修正爲「犯罪率愈高，地方政府就愈積極採取治安政策」，但這並非直接回答研究命題的答案，因此將其刪除較爲妥當。

此外，迴歸模式的配適度R^2（已調整）爲0.436，配適度尚可。

最後，如果要從獲得驗證之假設進行政策建議，那該如何思考呢？以政策操作都市化程度或經濟狀況都不容易，而且，即使知道都市化發展促使犯罪發生，也必須更詳細地找出作用途徑，才能具體建議。

另一方面，自治會加入率則是比較容易操作的變項。實際上，大多數市區町村都了解自治會、町內會的重要性，因而支持相關活動，以財政支援、建立制度或場地、培養人才等方式提高加入率。雖然這些政策未必是爲了犯罪防治而做，但透過本分析可以證實，強化該措施有助於防止犯罪。此外，本分析使用自治會加入率，來代表地區居民彼此關係之變項，但並非只有自治會可強化居民關係，各式各樣的組織和團體也扮演著相同的角色。假如高齡化等因素導致自治會加入率無法提升，也可以提出培育替代之組織、團體的政策。此時，有效的作法是基於投入代表居民關係之新變項的分析，或詳細追蹤自治會如何抑制犯罪之案例研究的見解，來考察各替代組織的活動，有興趣的讀者請務必試試。

案例演習 **4** ▶▶▶

廣告景觀規範的執行分析

綜合研究

　　本書所介紹的方法論必須足夠各位實踐政策研究，這個想法從初版起經過十年亦無改變，但也有讀者對於只知道基本步驟感到不安。除了想在準備萬全的情況下進行研究的勤勉學生，實務工作者中也有同樣的心聲。也可能是外界對於政策評估和說明責任之要求水準提升，開始講求「基於實證的政策規劃」。

　　容我重複強調，僅靠本書介紹的基本步驟，即可進行綜合研究，解析研究主題之全貌，並從該結果發展十足的政策建議。為了示範這一點，我決定做點補充，摘錄並重組我個人的研究《政策實施之組織與治理：廣告景觀規範相關政策研究》（東京大學出版會，2020年）之部分內容，按照政策研究的步驟作為範例介紹。

研究命題的設定：探討政策失敗原因的研究

　　研究主題為關於街上充斥的看板（戶外廣告物）之規範，戶外廣告物必須獲得地方政府的許可才能設置，即使設置地點是自己的土地或建築物也一樣。地方政府會設定大小限制、避開原色等色彩標準，並針對景觀影響和結構安全性進行審查。如果未獲得許可便設置，或不遵守許可標準，就可能被地方政府取締和開罰。

　　儘管有這些規範，日本仍充斥違規招牌，且主要出現在都市。這種情況並非民眾所樂見，有些人即使不知道違規，也會覺得不美觀，應做些改變。這就是作為研究契機的問題，我們可以再進一步建立「為什麼違規情形多」以及「為什麼戶外廣告物規範沒有作用」之提問，然後開始研究。

　　上述提問為針對個別案例或個別政策的B型命題，那麼有A型命題嗎？日本社會中違反法規的問題並不限於戶外廣告，也會出現於各種領

域，如違規建築、食品標示造假、工業產品資訊造假等。爲什麼不遵守法規？爲什麼行政機關未處理違規？這些都是公共行政學、行政法學、法社會學領域長年探討的A型命題，如果解答以戶外廣告爲主題的B型命題，應該能對解答該A型命題有所幫助。

　　假如將接二連三的違規視爲失敗，那麼也可將「爲什麼政策會失敗」之提問放在更上層的位置，這是政策學處理的A型命題。根據探討結果，政策失敗的原因可統整爲政策缺陷、政策實施之瑕疵、運氣不佳這三類。由於戶外廣告物法歷經數次修正，已具備完善的政策工具，因此並非政策缺陷。既然如此，可能是地方政府選擇不恰當的工具、地方政府不作爲、目光短淺等實施面的問題，研究焦點遂聚焦在這幾點上。至於運氣不佳的部分，指的是不利於實施政策的環境條件，例如在景氣好時有大量廣告物被設置，行政機關來不及處理等狀況。這一點可以在研究中控制，選擇條件相似的地方政府來比較。

蒐集確認現況型的質化資料與細分提問

　　換言之，上述構想之研究是以政策之成敗（違規數量）爲依變項，政策實施爲自變項。請記住這些變項，同時一步步確認現況。我們先透過法規、條例、相關解說本、地方政府手冊等，來學習制度、架構。接著，爲了調查政策結果和實施情況，亦即違規現況，以及地方政府如何應對，我們要搜尋新聞報導和網路。由於這是不太起眼的政策領域，全國報紙的報導較少，在網路上搜尋到的都是地方政府的制度介紹。因此，我們要詢問附近的地方政府。結果，有些承辦人員用場面話搪塞或不承認有違規情形，也有承辦人員坦承苦惱於處理違規的狀況。

　　雖然光靠這些訪談並不足以作爲鐵證，但我們能以違規數量多和政策實施困難爲前提，更新研究計畫。目前我們認定違規數量多的原因在於政策實施之瑕疵，提出「爲什麼未適當實施」之疑問。是相關法規的承辦人員不足嗎？還是雖然有人力但欠缺專業知識呢？又或者是承辦人員工作幹勁的問題？如果是人手不足，那又爲什麼會不足呢……我們可以像這樣細

分提問，並一邊建立假設。

　　為了以多角度檢視複雜的行政活動，也為了建立有系統的提問和假設，應先著手文獻回顧。我們就接著進行文獻回顧，並從文獻回顧中掌握關鍵概念的定義。以下示範文獻研究，集中閱讀相關文獻，而平時閱讀學習累積的經驗也能派上用場。

文獻研究：從獨創理論導出假設

　　文獻研究的結果並未找到恰好可適用此主題的理論或研究案例，那麼該怎麼辦呢？上述從以訪談為主軸的案例研究一個個導出假設的方法只是其一，另一個方法則是建立獨創理論，有系統地擷取假設。這次趁著文獻研究無適當理論的好機會，我們要提出能說明政策實施之瑕疵的新理論。我們以政策學和公共行政學的定論為材料，建立理論，並取名為「實施結構論」。我以引用的方式示範這一段：

　　地方政府組織會概括性地制定職務，以課、組、承辦人員等各種層級分配多項業務。由於地方政府長期人手不足，人力與執行時間都不夠進行所有業務，須由各課、組、承辦人員判斷業務優先順序。雖然該判斷應以首長或課、組為優先，但大多規定不明確，進而由各承辦人員來裁量。我們假定當主管沒有明確指示時，地方政府職員會採取迴避風險的行動，因此我們導出的命題是他們會迴避風險高的業務，將多數人力和時間分配給確實能累積成果的定型化業務。

　　本書第2章介紹過，理論是將複數假定或主張組合進多個獲得驗證的假設。上面介紹的實施結構論雖然並不純熟，但我們也把它當作「理論」吧。此理論適用於戶外廣告物規範，並導出為假設。如果要舉例說明此理論，我們可以說「當戶外廣告物規範優先順位愈低，分配到的資源就愈少」、「當地方政府資源不足的情形愈嚴重，分配到的資源就愈少」、「如果資源分配得少，承辦人員對於處理許可申請的態度就會變得被動，

還會將執行業務的大部分時間分給其他業務，並延遲處理違規」等。

蒐集量化資料

這次使用統計分析來驗證假設，將上述訪談結果與理論之討論消化後，設計問卷，並郵寄給戶外廣告物規範之應對窗口。考慮到回答者的負擔，問卷調查只能進行一次，因此除了確認訪談結果的確認現況型問題外，也要適當地放入用來蒐集資料的問題，以用於驗證假設。

收回問卷後，結果發現只有一成的地方政府能掌握違規全貌，部分地方政府則在調查現況，從他們的回答可知違規多集中於都市地區，如同我們的預期。另一方面，有三分之一的地方政府將違規招牌控制在兩成以內，其中也包含都市地方政府。在調查之下，他們似乎特別用心地處理違規，因此大幅減少了違規數量，這是顛覆當初預期與認知的資料。我們太小看那些述說沒有違規現象的地方政府了，必須重新思考它在研究計畫中的定位。

第二次文獻研究與案例研究：修正研究架構

政策實施研究在傳統上是探討政策失敗原因的研究，我們只是在此架構下建立提問，然後組織理論，但光靠此作法並無法完全說明戶外廣告物規範之實際情形，因此需要修正。於是，我們擴大研究範圍，加入政策成功的案例。根據問卷調查結果，我們加入以下研究命題：違規數量少的地方政府發生了什麼事？減少違規數量的地方政府做了哪些活動？為什麼能達成？那些容易躲避違規應對的行政職員，會在什麼時候挺身導正違規狀態呢？

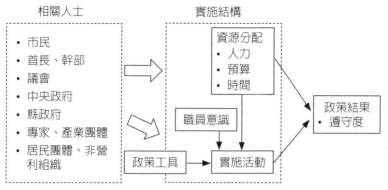

圖表例-17　政策實施治理理論

資料來源：《政策實施之組織與治理》圖4-1。

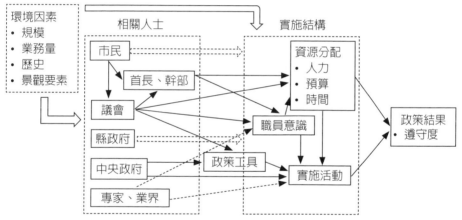

圖表例-18　案例研究後之政策實施治理理論與假設

資料來源：《政策實施之組織與治理》圖9-1。

接著，為了說明失敗和成功兩方面，我們將實施結構論擴展為「政策實施治理」理論。因此，我們將搜尋範圍擴大，重新進行文獻研究和案例調查。這次的案例研究對象為大幅減少違規招牌的地方政府，我們蒐集地方報紙、行政文書、議會議事錄、訪談調查等資訊，試圖回答「地方政府何時處理違規、如何處理違規」、「驅動行政組織與職員的是什麼」等問題。

　　圖表例-17以圖示呈現上述理論，當政治人物與公民等相關人士的優先順位明確，並建立起行政職員與組織的紀律時，所分配的資源會增加，行政職員會起身處理違規。這種實施構造發揮作用，進而減少違規，使政策結果有所改變，這就是我們認為的政策實施治理。

　　圖表例-17是抽象且理論型的模型圖，而圖表例-18則是反映出案例研究，並以圖解的形式呈現可驗證之假設。每一個箭頭都代表因果關係之假設，舉例而言，議會愈關心，資源（人力和執行業務時間）就分配得愈多。

驗證與結果提示

　　接下來要驗證假設，以量化資料測量變項。由於已經完成測量用的問卷調查，所以要做的是選擇所代表的回答。例如，「分配人力」這一項使用戶外廣告物事務的專任承辦人員及兼任承辦人員之數量，以專任為1人、兼任為0.35人換算（即「修正職員數」）。如有公開資料，則自行調查後補足。例如，「議會之關心」這一項，使用包含調查期間在內之三年期間，議員於正式會議針對戶外廣告進行質詢之次數，此資料應比問卷調查客觀。

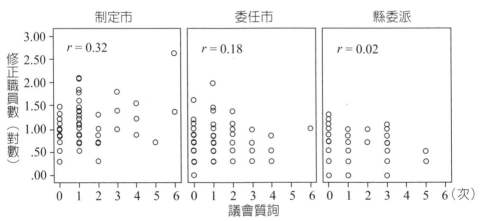

圖表例-19　議會質詢次數與職員數之散布圖

資料來源：《政策實施之組織與治理》圖9-4。

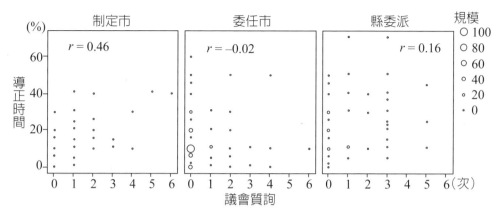

圖表例-20　議會質詢次數與違規處理時間之散布圖
資料來源：《政策實施之組織與治理》圖9-5。

　　在此示範部分驗證結果，我們繪製了議會質詢次數與修正職員數、處理違規占執行業務時間之比例（即「導正時間」）的散布圖，即圖表例-19及20。我們將地方政府分為三組，在自行制定條例執行規範的市町村，可見「質詢次數愈多，職員數就愈多」之相關性，但在僅有都道府縣委任實施之市町村及都道府縣委派機關，則看不出相關性，因此可解釋為不同組別反映了地方政府與職員的態度。

　　針對其他假設，在經過同樣的分析後，我們使用多元迴歸分析來進行驗證。圖表例-21將驗證結果統整為一張圖，僅放入藉由統計分析獲得支持的假設，只有「取締強度」（動用罰則等強勢工具的比例）和「違規比例」之相關性未獲得支持，而未放入該圖。

驗證結果之解釋、政策建議、探討更深入的提問

　　上述驗證結果中，未獲得支持的假設為「行政機關愈強勢處理違規，違規情形就愈少」，通往依變項的重要路徑中斷，欠缺最重要的部分，所以我們要討論其原因。

　　雖然我們可能漏看了影響依變項之變項，不過我們已經將理論和案例研究中導出的假設完整驗證過一遍。其他可能的原因還有違規多的地方政府承辦人員選擇不回答，畢竟我們詢問的是違規比例這個較敏感的資訊。

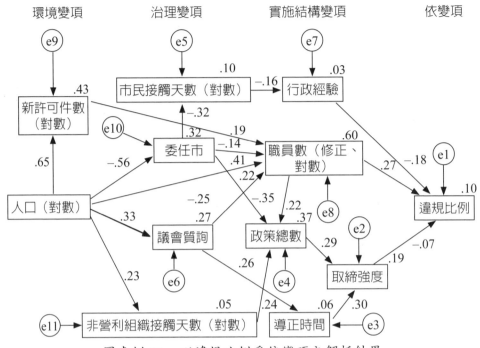

圖表例-21　以違規比例爲依變項之解析結果
資料來源：《政策實施之組織與治理》圖9-11。

但是，爲了掌握正確的實際情形，我們已經特別設計詢問的方式，並且取得許多違規比例超過五成的回答。即使難免有些偏頗的部分，也難以放棄這份資料。

　　到此宣告研究結束，當然也足以視爲綜合解析實施過程的研究，考量到圖表例-21中獲得支持的假設，我們還可以提出政策建議。如果要催促行政機關加強處理，那就引起議員關心，讓議員在議會上質詢。但是，尚未釐清最重要的部分就結束研究實屬可惜，從與預期相反的結果進一步提問「爲什麼」，才能獲得新發現。

　　我們應該思考的是，只著眼於行政機關的行動是否足夠。法規政策有其對象，難道當行政機關愈強勢處理，遵守法規的人就會增加，違規就會減少嗎？眞有如此單純嗎？

　　我只提示研究的新方向，不然繼續說下去就洩題了。首先，要研究受規範的廣告業者之意識與行為，提出「為什麼不遵守法規」、「是否有想遵守卻無法遵守的內情」、「是否與行政機關的處理方式互相影響」等問題。此外，中央與地方政府的制度都是由市民透過選舉選出議員和首長，因此政治人物最看重的是選票，會考慮市民的取向來做決策，行政機關的職員行動時也會考慮該取向。那麼，位於此治理連鎖作用之起點的市民如何看待廣告景觀呢？與其他政策領域相比，處理的優先順序是高還是低呢？如果是低的話，那又是為什麼呢？我們還可以探討這些提問。

　　最後是關於研究發表，為了精準傳達研究成果，拙作的記述方式正如同本書第5章所介紹的架構。另一方面，實際的研究經過多次反覆，雖然本案例演習也示範了修正路線的過程，但並非依照實際研究流程說明，而是接近已建立架構的研究發表。

　　研究通常伴隨意料之外的狀況，如果因為錯誤認知或意料之外的結果而卡關，那該怎麼辦呢？就我所知，並沒有萬能的方法論，只能繼續思考，對照手邊的資料和文獻回顧的見解。此時，本書一再介紹的基本步驟將派上用場。透過檢查研究命題是否貼近實際情形、假設是否有遺漏、資料解釋是否有誤等項目，將會看見突破點。反覆經歷卡關和突破之後，應該就能往綜合研究更加邁進。

　　本研究使用的問卷資料公開於我的研究室網站，並且將地方政府的名稱隱匿處理，歡迎運用於重新驗證等步驟。

地方政府政策研習課表（範例）

第一天　設定主題、設定研究命題（RQ）

第一節　10:00～11:00　第一課「研習目標與架構：聚焦於地方政府的政策環境」

第二節　11:00～12:00　小組討論：市政府面對的課題（以學員的課前作業爲提示）

第三節　13:00～14:00　第二課「建立研究命題」（第1章）

第四節　14:00～15:00　小組工作：探索主題、設定研究命題（與講師個別討論）

第五節　15:00～16:00　第三課「資料在哪裡？」（第3章）＋小組工作：使用網路尋找資料

第六節　16:00～17:00　小組工作：依據資料有無來縮小研究命題
後半節由各小組報告進度，並針對報告給予評語和建議

第二天　建立研究計畫

第一節　10:00～11:00　第四課「建立假設」（第2章）

第二節　11:00～12:00　小組工作：設定假設、概念定義與操作化

第三節　13:00～14:00　小組工作：同上（適時與講師個別討論）、發表進度

第四節　14:00～15:00　第五課「文獻研究與資料蒐集」（第3章）
第六課「驗證假設」（第4章）

第五節　15:00～16:00　小組工作：尋找資料、分配工作、安排流程表

第六節　16:00～17:00　小組工作：設定目標（宣布各小組的目標和流程表）

在期中發表前要釐清到什麼程度？大致的日程及
應做的作業有什麼？如何分配工作？

*在這段期間，各小組自主研究

第三天　期中發表會

13:00～14:30　期中發表（各小組發表15分鐘左右、評語10分鐘左右）

14:40～16:00　小組工作＋與講師個別討論

16:00～17:00　第七課「研究的統整方法與發表技巧」（第5章）

*同上

第四天　最終報告

13:00～15:00　最終發表（發表20分鐘、回答提問10分鐘、評語10分鐘）

15:10～15:30　整體講評（研究的今後發展等，有時間的話請學員分享感
想）

15:40～16:30　第八課「將研究結果應用於政策」（第6章）
　　　　　　　小組工作：討論如何運用研究結果，在何處及如何介入

16:30～17:00　第九課「政策評估方法論」（第6章）
　　　　　　　總結

參考文獻

青木繁伸，《解讀統計數字的知識：為什麼立刻知道當選？》，化學同人，2009年。

秋吉貴雄、伊藤修一郎、北山俊哉，《公共政策學的基礎》，有斐閣，2010年〔第三版，2020年〕。

新睦人，《社會調查的基礎理論：假設建立詳細指南》，川島書店，2005年。

阿部泰隆，《公共行政的法律系統入門》，放送大學教育振興會，1998年。

天川晃，〈廣域行政與地方分權〉《JURIST》增刊綜合特輯29，1983年，120-126頁。

天川晃，〈變革的構想：道州制議論的脈絡〉，大森彌、佐藤誠三郎編，《日本的地方政府》，東京大學出版會，1986年，111-137頁。

伊藤修一郎，《自治體政策過程動態：政策革新與影響》，慶應義塾大學出版會，2002年。

伊藤修一郎，《自治體發動的政策改革：從景觀條例到景觀法》，木鐸社，2006年。

伊藤修一郎，〈「公有地的悲劇」的解決方法之法律角色〉，《法社會學》73號，2010年，188-203頁。

大嶽秀夫，《政策過程》，東京大學出版會，1990年。

苅谷剛彥、志水宏吉、清水睦美、諸田裕子，《調查報告：「學習能力下降」之實情》，岩波書店，2002年。

菊田千春、北林利治，《大學生邏輯書寫與發表的技術》，東洋經濟新報社，2006年。

岸田孝彌，〈自行車事故與行走狀態：關於高崎市的自行車行走狀態之實情〉，《高崎經濟大學論集》第30卷第1、2號，1987年，177-213頁。

京都大學亞洲非洲地區研究所、京都大學東南亞研究所編，《京大式田野調查入門》，NTT出版，2006年，

草野厚，《政策過程分析入門》，東京大學出版會，1997年〔第二版，2012年〕。

玄田有史，《工作之中隱約的不安：年輕人動搖的現在》，中公文庫，2005年。

小池和男、洞口治夫編，《經營學的田野研究：「現場的達人」的實踐性調查方法》，日本經濟新聞社，2006年。

河野勝、岩崎正洋編，《比較政治學入門》，日本經濟評論社，2002年。

小宮清，《簡單的發表技巧》，日本能率協會管理中心，2004年。

佐藤郁哉，《田野調查：帶著書本走進城鎮》，新曜社，1992年〔增訂版，2006年〕。

佐藤郁哉，《田野調查的技法：培育提問、鍛鍊假設》，新曜社，2002年。

佐藤郁哉，《學習組織與經營的實踐田野調查入門》，有斐閣，2002年。

佐藤博樹、石田浩、池田謙一編，《社會調查的公開數據：二次分析的邀請》，東京大學出版會，2000年。

自行車對策檢討懇談會，〈有關促進安全使用自行車的建言〉，2006年11月。

新藤宗幸，《概說日本的公共政策》，東京大學出版會，2004年〔第二版，2020年〕。

杉田恭一，《「發表」標準手冊》，技術評論社，2007年。

鈴木敏文，《挑戰我的浪漫：我的履歷》，日本經濟新聞出版社，2008年。

盛山和夫，《統計學入門》，放送大學教育振興會，2004年。

田尾雅夫，《公共行政服務的組織與管理：地方政府的理論與實況》，木鐸社，1990年。

田尾雅夫、若林直樹編，《組織調查指南：調查黨宣言》，有斐閣，2001年。

高根正昭，《創造的方法學》，講談社現代新書，1979年。

田村正紀，《研究設計：經營知識創造之基本技術》，白桃書房，2006年。

辻中豐、伊藤修一郎編，《地方治理：地方政府和市民社會》，木鐸社，2010年。

內閣府國民生活局市民活動促進課，〈社會資本：尋求豐富的人際關係與公民活動之良性循環〉，2003年6月（2011年5月7日從內閣府非營利組織官網：https://www.npo-homepage.go.jp/data/report9.html下載）。

日本比較政治學會編，《比較日本政治》，早稻田大學出版部，2005年。

野口悠紀雄，《公共政策》，岩波書店，1984年。

藤本隆宏、高橋伸夫、新宅純二郎、阿部誠、粕谷誠，《研究觀念經營學研究法》，有斐閣，2005年。

增山幹高、山田眞裕，《計量政治分析入門》，東京大學出版會，2004年。

箕浦康子編，《田野調查的技法與實情：微民族誌入門》，Minerva書房，1999年。

宮川公男，《政策科學的基礎》，東洋經濟新報社，1994年。

宮川公男，《政策科學入門》，東洋經濟新報社，1995年〔第二版，2002年〕。

宮本憲一，《公共政策的引薦：何謂現代的公共性》，有斐閣，1998年。

村松岐夫，《地方自治》，東京大學出版會，1988年。

村松岐夫、稻繼裕昭，日本都市中心編，《分權改革改變了都市行政機構嗎？》，第一法規出版，2009年。

森田朗，《許可、認可行政和官僚制》，岩波書店，1988年。

Allison, Graham T. 1971. *Essence of Decision: Explaining the Cuban Missile Crisis.* Boston: Little, Brown.（宮里政玄譯，《決策的本質：解釋古巴飛彈危機》，中央公論社，1977年）

Barzelay, Michael, Francisco Gaetani, Juan Carlos Cortázar Velarde and Guillermo Cejudo. 2003. "Research on Public Management Policy Change in the Latin America Region: A Conceptual Framework and Methodological Guide." *International Public Management Review* (http://www.ipmr.net) 4-1: 20-41.

Bemelmans-Videc, Marie-Louise, Ray C. Rist, and Evert Vedung. 1998. *Carrots, Sticks, and Sermons: Policy Instruments and Their Evaluation.* New Brunswick, N.J.: Transaction Publishers.

Boardman, Cynthia A., and Jia Frydenberg. 2008. *Writing to Communicate 2: Paragraphs and Essays*, 3rd ed. White Plains, N.Y.: Pearson/Longman.

Brady, Henry E., and David Collier. 2004. *Rethinking Social Inquiry: Diverse Tools, Shared Standards.* Lanham, Md.: Rowman & Littlefield.（泉川泰博、宮下明聰譯《社會科學的方法論戰：多樣分析工具與共通標準》勁草書房，2008年）

Dahl, Robert A. 1961. *Who Governs? Democracy and Power in an American City.* New Haven: Yale University Press.（河村望、高橋和宏監譯，《誰在統治？：一個美國城市的民主和權力》，行人社，1988年）

Devore, Jay L., and Roxy Peck. 1990. *Introductory Statistics.* St. Paul: West Pub. Co.

Hood, Christopher C. 1986. *Administrative Analysis: An Introduction to Rules, Enforcement, and Organizations.* New York: St. Martin's Press.（森田朗譯，《行政活動的理論》，岩波書店，2000年）

Hood, Christopher C., and Helen Z. Margetts. 2007. *The Tools of Government in the Digital Age.* Basingstoke: Palgrave Macmillan.

Hunter, Floyd. 1953. *Community Power Structure: A Study of Decision Makers.* Chapel Hill: University of North Carolina Press.（鈴木廣監譯，《社區的權利結構：決策者的研究》，恆星社厚生閣，1998年）

King, Cary, Robert O. Keohane, and Sidney Verba. 1994. *Designing Social Inquiry: Scientific Inference in Qualitative Research.* Princeton, N.J.: Princeton University Press.（眞渕勝監譯，《好研究如何設計？：用量化邏輯做質化研究》，勁草書房，2004年）

Krauss, Ellis S., and Robert J. Pekkanen. 2011. *The Rise and Fall of Japan's LDP: Political Party Organizations as Historical Institutions.* Ithaca, N.Y.: Cornell University Press.

Lowi, Theodore J. 1970. "Decision Making vs. Policy Making: Toward an Antidote for Technocracy." *Public Administration Review* 30: 314-325.

Lowi, Theodore J. 1972. "Four Systems of Policy, Politics, and Choice." *Public Administration Review* 32: 298-310.

Merriam, Sharan B. 1998. *Qualitative Research and Case Study Applications in Education.* San Francisco: Jossey-Bass Publishers.（堀薰夫、久保眞人、成島美彌譯，《質化調查法入門：教育領域的調查方法與個案研究》，Minerva書房，2004年）

Ostrom, Elinor. 1990. *Governing the Commons: The Evolution of Institutions for Collective Action.* Cambridge: Cambridge University Press.

Pindyck, Robert S., and Daniel L. Rubinfeld. 1991. *Econometric Models and Economic Forecasts*, 3rd ed. New York: McGraw-Hill.

Putnam, Robert D. with Robert Leonardi and Raffaella Y. Nanetti. 1993. *Making Democracy Work: Civic Traditions in Modern Italy.* Princeton, N.J.: Princeton University Press.（河田潤一譯，《使民主運轉起來：現代義大利的公民傳統》，NTT出版，2001年）

Smelser, Neil J. 1976. *Comparative Methods in the Social Sciences.* Englewood Cliffs, N.J.: Prentice-Hall.（山中弘譯，《社會科學的比較方法：比較文化論的基礎》，玉川大學出版部，1996年）

Stokey, Edith, and Richard Zeckhauser. 1978. *A Primer for Policy Analysis.* New York: W. W. Norton.（佐藤隆三、加藤寬監譯，《政策分析入門》，勁草書房，1998年）

Van Evera, Stephen. 1997. *Guide to Methods for Students of Political Science.* Ithaca: Cornell University Press.（野口和彥、渡邊紫乃譯，《政治學的研究方法》，勁草書房，2009年）

Walters, D. Eric, and Gale Climenson Walters. 2002. *Scientists Must Speak: Bringing Presentations to Life.* London: Routledge.（小林Hiromi、小林Megumi譯，《學術發表》，朝倉書房，2003 年）

Weber, Max. 1978. *Economy and Society: An Outline of Interpretive Sociology*, Volume 1 (Edited by Guenther Roth and Claus Wittich; Translators, Ephraim Fischoff et al.) Berkeley: University of California Press.

謝辭

　　本書經過各界的幫助才得以問世，我想在此表達感謝。雖然本書卷末列舉了主要的參考文獻，但本書大部分的內容都仰賴於未撰寫成書籍或論文的知識。筆者為了實踐研究，曾透過論文指導或課程，於研究所時期受過Michael Barzelay老師、Jane Fountain老師、John L. Campbell老師、金子郁容老師、片岡正昭老師之指導，也曾向筆者在學時之哈佛大學甘迺迪政府學院及社會學研究所、慶應義塾大學政策與媒體研究所的老師們學習各種知識與方法論。在我將這些知識吸收消化後，於本書統整為「政策研究的方法論」。

　　在筆者與地方政府研習承辦人員及具有熱忱的研習學員交流之下，本書的架構逐漸成形。在此感謝給予我寶貴機會的三重縣廳、群馬縣市町村振興協會、茨城縣自治研修所及神栖市職員課。而辛苦將我介紹給三重縣廳，使我得以參與研習的人是大阪大學的北村亙先生，後來我經常得到北村先生對於研究的建議。

　　自從本書在企劃上定位為學生也能使用的教科書後，我就一邊回想至今負責過的專題課學生，一邊撰寫本書。在此感謝認真面對專題課作業的群馬大學社會資訊學系，以及筑波大學社會學領域的專題課學生。

　　第一稿完成後，我請精通於學生教育和研習指導的琉球大學宗前清貞先生、熊本大學秋吉貴雄先生、Barzelay老師專題課同學吉牟田剛先生（日本總務省）給予指教，獲得了有益的建議。尤其宗前先生對於職員研習的用心指正鼓舞了我，但我還是有些擔心未能將所有意見反映於本書。我與筑波大學現在的同事、華盛頓大學的Robert Pekkanen先生，針對方法論進行了有意義的討論。自從攻讀博士時認識Pekkanen先生之後，每次與Pekkanen先生見面都學到了關於研究方法最新動向的知識。

在出版的過程中，有幸諮詢早稻田大學的稻繼裕昭先生、神奈川大學的出口裕明先生、關東學院大學的出石稔先生，也在此感謝東京大學出版會的奧田修一先生，雖然本書最早是爲中央和地方政府職員進行企劃，但他認可本書作爲大學生和研究生的教科書之意義，持續給予我鼓勵與精確的建議，直到本書完成。

如同前述，本書奠基於筆者於美國的研究所學習的方法論。而給予我此機會的是神奈川縣自治綜合研究中心，也就是當時神奈川縣廳的研習機構。我個人認爲本書也是該中心外部研習計畫的具體成果，研習成果本應由進行研習的當事人藉由實務回饋給社會，但我僅於研習報告上記載建言，轉由主管和前輩付出實現，由於我個人健康因素，而無法親自充分做出貢獻。在此情況下，我由衷感謝前神奈川縣知事松澤成文先生，以及松澤政見進度評價委員會事務局的礒崎初仁先生（中央大學），他們給予了我機會參與政見評估。由於我個人的因素僅參與了一期，但也或多或少直接將研習成果回饋給社會，還能將評估經驗應用於撰寫本書第六章。雖然我一直努力想從事研究以支援地方政府，但由於本人才疏學淺，目前尚無法做出碩大成果。即使遲了些，我將研習成果統整於本書，若能幫助每日處理政策課題的行政職員，以及立志透過政策建議讓世界變得更好的學生與公民，那就是最令人喜悅之事了。

伊藤修一郎

2011年6月

在此感謝各位讀者，以及將本書活用於課堂上或研習上的各位教師。承蒙各界的意見和期望，本次特別聚焦於加強本書的特色，新增了案例演習4。同時，也更新了資料庫名稱、軟體操作名稱等。

伊藤修一郎

2021年11月

國家圖書館出版品預行編目資料

政策研究的方法論：撰寫社會科學領域論文的入門
書/伊藤修一郎著；張瑜庭譯. ——初版. ——
臺北市：五南圖書出版股份有限公司，2024.09
面；　公分
譯自：政策リサーチ入門　増補版：仮説検証によ
　る問題解決の技法
ISBN 978-626-393-612-6（平裝）

1.CST: 社會科學　2.CST: 研究方法　3.CST: 論
文寫作法

501.2　　　　　　　　　　　　113011034

1PBK

政策研究的方法論：
撰寫社會科學領域論文的入門書

作　　　者 ― 伊藤修一郎

譯　　　者 ― 張瑜庭

審 訂 者 ― 吳明上

企劃主編 ― 劉靜芬

文字校對 ― 楊婷竹

封面設計 ― 封怡彤

出 版 者 ― 五南圖書出版股份有限公司

發 行 人 ― 楊榮川

總 經 理 ― 楊士清

總 編 輯 ― 楊秀麗

地　　　址：106臺北市大安區和平東路二段339號4樓

電　　　話：(02)2705-5066

網　　　址：https://www.wunan.com.tw

電子郵件：wunan@wunan.com.tw

劃撥帳號：01068953

戶　　　名：五南圖書出版股份有限公司

法律顧問　林勝安律師

出版日期　2024年9月初版一刷

定　　　價　新臺幣400元

本書由公益財團法人日本台灣交流協會贊助出版

SEISAKU RESEARCH NYUMON, Expanded Edition
Copyright © 2022 Shuichiro Ito
Chinese translation rights in complex characters arranged with
UNIVERSITY OF TOKYO PRESS
through Japan UNI Agency, Inc., Tokyo

經典永恆・名著常在

五十週年的獻禮——經典名著文庫

五南，五十年了，半個世紀，人生旅程的一大半，走過來了。

思索著，邁向百年的未來歷程，能為知識界、文化學術界作些什麼？

在速食文化的生態下，有什麼值得讓人雋永品味的？

歷代經典・當今名著，經過時間的洗禮，千錘百鍊，流傳至今，光芒耀人；

不僅使我們能領悟前人的智慧，同時也增深加廣我們思考的深度與視野。

我們決心投入巨資，有計畫的系統梳選，成立「經典名著文庫」，

希望收入古今中外思想性的、充滿睿智與獨見的經典、名著。

這是一項理想性的、永續性的巨大出版工程。

不在意讀者的眾寡，只考慮它的學術價值，力求完整展現先哲思想的軌跡；

為知識界開啟一片智慧之窗，營造一座百花綻放的世界文明公園，

任君遨遊、取菁吸蜜、嘉惠學子！